Giro Interior

O processo de criação de imagens mentais dirigidas na educação de crianças e adolescentes

Maureen Murdock

Giro Interior

O processo de criação de imagens mentais dirigidas na educação de crianças e adolescentes

Tradução
DANIEL CAMARINHA DA SILVA
DULCE HELENA PIMENTEL DA SILVA

EDITORA CULTRIX
São Paulo

Título do original:
Spinning Inward
Using Guided Imagery With Children for Learning, Creativity & Relaxation

Para Brendan e Heather.

Edição	Ano
1-2-3-4-5-6-7-8-9-10	93-94-95-96-97-98

Direitos de tradução para a língua portuguesa
adquiridos com exclusividade pela
EDITORA CULTRIX LTDA.
Rua Dr. Mário Vicente, 374 – 04270-000 – São Paulo, SP – Fone: 272-1399
que se reserva a propriedade literária desta tradução.

Impresso em nossas oficinas gráficas.

Sumário

⊗ ⊗ ⊗ ⊗ ⊗ ⊗ ⊗

Prefácio

⊗ ⊗ ⊗ ⊗ ⊗ ⊗ ⊗

O título original *Spinning Inward* [*Giro Interior*] ocorreu-me ao ver uma exposição de fusos de tear dos índios salishes no Museu de Antropologia da Universidade de British Columbia. Quando o tecelão saliche faz a lã girar no fuso de tear, a espiral se transforma numa mancha indistinta. Quando ela pára, uma imagem se revela ao fiandeiro. Ele então fixa essa imagem no resultado do seu trabalho. O ato essencial de imaginar, como toda arte criativa, é a concretização de uma visão. As imagens que fazemos girar interiormente tornam-se a realidade que prolongamos exteriormente.

Agradecimentos

⊗ ⊗ ⊗ ⊗ ⊗ ⊗ ⊗

Eu gostaria de expressar os meus agradecimentos a todas as crianças e adolescentes com quem trabalhei e àquelas crianças grandes que existem dentro das pessoas adultas que me ajudaram no meu trabalho de ensinar: Jill Mackay, Donna Wabnig e Steve Tomasini. Agradeço especialmente aos meus companheiros do Centro de Aprendizagem Integrativa, com quem passei milhares de horas, de 1980 a 1984, imaginando, desenvolvendo novos exercícios, dirigindo sessões de treinamento, esperando em aeroportos e tomando sorvete: Anne Breutsch, Diane Battung e Beverly-Colleen Galyean. Saul Arbess e Penny Joy foram meus parceiros na utilização das imagens mentais dirigidas e do vídeo com alunos indígenas norte-americanos em British Columbia; estou em dívida para com ambos pela sua flexibilidade, bom humor e dedicação à educação de todas as crianças. Meus profundos agradecimentos ao dr. Paul Cummins, diretor da Crossroads School, de Santa Mônica, Califórnia, que teve a perspicácia de reconhecer o valor das imagens mentais e deu-me permissão e apoio para explorar essas técnicas na sala de aula. Polly McVickar, minha orientadora no Pacific Oaks College, foi uma fonte constante de visualização, encorajando-me a ver para além dos resultados imediatos.

Muitos dos exercícios deste livro foram inspirados no trabalho de Deborah Rozman, da University of the Trees, de minha falecida parceira, Beverly-Colleen Galyean, e de Jean Houston, diretora da Fundação para a Pesquisa da Mente, em Nova York. Fico profundamente grata à dra. Houston por seu estímulo e por me permitir adaptar seu trabalho para jovens, especialmente a Jornada do Herói. Vários exercícios que adaptei a partir de seus seminários foram mais tarde publicados no seu livro *The Possible Human** (J.P. Tarcher, 1982).

Fui estimulada, nos quatro últimos anos, pelas pesquisas do dr. Howard Gardner, da Universidade de Harvard, que propôs uma teoria de inteligência múltipla, abrangendo dons naturais para as habilidades lingüísticas, musicais, lógicas-mate-

* *A Redescoberta do Potencial Humano*, Editora Cultrix, São Paulo, 1992.

máticas, espaciais, cinestésicas-corporais e pessoais. Ele defende a educação não apenas da inteligência interpessoal, mas também da inteligência intrapessoal, que está aparelhada para ajudar o indivíduo a saber quem ele é. As imagens mentais dirigidas são um instrumento já avalizado por pesquisas para a educação da inteligência intrapessoal.

Meus profundos agradecimentos pessoais à minha companheira de meditação, Midge Bowman, que compartilhou comigo uma visão voltada para a educação do espírito. Outros colegas que deram grande apoio moral ao meu trabalho são Flor Fernandez, Marti Glenn, Jeanette Jara, Carolyn Kenny, Shanja Kirstann, Steve Morgan, Betty Rothenberger, Sharyn McDonald, Jane Alexander Stewart e Robin Van Doren. Kelvin Jones e Meibao Nee fotografaram a mim e aos meus alunos, e Roberta Scotthorne participou das fotografias dos alunos em British Columbia. Emily Sell e Kendra Crossen, minhas editoras na Shambhala, deram-me apoio e disposição de espírito.

Agradecimentos especiais a Siddhartha Olmedo, Drew Schaeffer, Heather Murdock, Laura Braverman, Jenny Belin, Sean Nordquist, Adam Hausmann, Jessica Yellin, Kevin Greenberg, Taro Joy, Jenny Reich, Christie Sanders, Heather Seineger, David Roberts, Alex Marshall, Erinn Berkson, Bekki Misiorowski, Andy Guss e Matt Nasatir pelas suas ilustrações e seus escritos.

Meu marido, Lucien Wulsin, foi uma fonte permanente de apoio, boa vontade e amor. Sou grata especialmente pela sua paciência, ajudando na cozinha e afastando dificuldades enquanto eu escrevia este livro. Meus filhos, Heather e Brendan, foram os primeiros que descortinaram, para mim, o mundo das imagens mentais infantis, e suas imagens foram uma fonte permanente de magia e encanto. Além disso, eles me ensinaram mais do que ninguém sobre o mistério revelador da criatividade humana, pelo que sou profundamente grata.

Agradecimentos especiais também a meus pais, Matthew e Julia Hennessey, e a Lucien Wulsin, Sr.

Introdução

⊗ ⊗ ⊗ ⊗ ⊗ ⊗ ⊗

Em agosto de 1979, tive um sonho impressionante, que deu origem a este livro, sobre o uso de imagens mentais dirigidas com crianças e adolescentes. Do fundo de mim mesma, ouvi um gemido primitivo e angustiado e senti então uma sequóia brotar e crescer, lenta e dolorosamente, no centro do meu corpo. Ela continuou a crescer até que seus galhos chegaram ao alto da minha cabeça. Na base de suas raízes havia duas placas de pedra, onde estavam gravados hieroglifos indecifráveis. A princípio, fiquei totalmente perturbada pela intensidade do sonho, mas tornou-se evidente que ele anunciava um trabalho a fazer. Para mim, as placas significavam os recessos intocados da mente humana.

Durante os últimos vinte anos, como mãe, professora e aluna, estive fascinada por algumas indagações fundamentais. Como aprendemos? Como ampliamos a criatividade? Como sabemos as coisas que conhecemos intuitivamente?

Em meados da década de 70, comecei a pesquisar a literatura disponível a respeito da ampliação da mente e comecei a meditar. Após alguns meses de observação dos efeitos tranqüilizadores da meditação sobre mim, comecei a utilizar esta técnica com meus filhos pequenos. Estimulada pela reação deles, tentei então breves exercícios de concentração com a minha turma de jardim de infância. Os resultados me surpreenderam; com um simples exercício de relaxamento no começo do dia, meus alunos e eu ficávamos mais calmos e mais sensíveis uns aos outros. Minha turma revelou um perceptível aumento no nível de atenção e de criatividade, desenvolveu uma capacidade maior de ouvir e mostrava uma nova compreensão dos sentimentos uns dos outros.

Animada por esses resultados, estudei a obra de Jean Houston, de Deborah Rozman e de George Leonard, que defendiam uma integração melhor entre a mente, o corpo e o espírito. Quando usei alguns de seus exercícios de imagens físicas, mentais e espirituais na turma de terceira série para a qual estava lecionando nessa época, observei que as crianças depressa ampliavam sua capacidade de aprender e descobriram um modo positivo de enfrentar a grave doença de um de seus colegas.

Em 1978, escrevi um artigo intitulado "Meditation with Young Children" [Meditação com Crianças Pequenas], que foi publicado pelo *Journal of Transpersonal Psychology*, e recebi centenas de cartas de outros pais e professores que estavam usando com sucesso estas técnicas nos Estados Unidos, Europa, União Soviética, Nova Zelândia e Filipinas. Alguns pais escreveram sobre a utilização das imagens mentais para relaxar os filhos e unir as suas famílias. Alunos diziam que usavam as imagens para se acalmar antes de uma prova. Adolescentes apelavam para a meditação a fim de enfrentar um divórcio na família, uma transferência para uma nova escola, ou para encontrar novos amigos. Professores relatavam melhores resultados obtidos nas provas quando seus alunos se relaxavam.

Continuei a desenvolver exercícios de imagens mentais dirigidas para minhas turmas primárias, e então comecei a treinar outros professores, pais e terapeutas nessas técnicas. Os exercícios de imagens mentais foram utilizados nas escolas da cidade de Los Angeles de 1978 a 1981, sendo aplicados em Bell High e na Main Street Elementary. Num estudo-piloto de utilização de exercícios de imagens mentais com alunos indígenas norte-americanos, treinei 1.500 professores, crianças e adolescentes nessas técnicas, em 1981, por toda a British Columbia. Os resultados foram documentados num relatório especial do Ministério da Educação, intitulado *New Strategies in Indian Education: Utilizing the Indian Child's Advantage in the Elementary Classroom* [Novas Estratégias na Educação dos Índios: Utilizando a Superioridade da Criança Indígena na Escola Primária].

Na primeira edição desse livro (Culver City, Calif., Peace Press, 1982), meu principal centro de interesse eram as crianças da escola primária de cinco a doze anos. Tive desde então a oportunidade de pesquisar a eficácia das imagens mentais com adolescentes, e este livro foi ampliado para tratar dos estágios de desenvolvimento da adolescência e de como as imagens mentais dirigidas servem como recurso eficaz para tornar mais fácil essa transição da infância para a idade adulta. Dou um curso sobre desenvolvimento humano, intitulado "Mistérios", para alunos do segundo e terceiro anos colegiais da Crossroads School, em Santa Mônica, Califórnia. Verifiquei que os exercícios foram eficazes em todas as idades para acalmar, concentrar e ampliar a consciência.

Este livro destina-se a servir como um guia para o uso das imagens mentais em casa, na sala de aula ou nas sessões de aconselhamento. Faça primeiramente os exercícios você mesmo; reviva a imaginação e a liberdade que tinha quando criança. Quando estiver preparado para conduzir outras pessoas, talvez prefira ler os exercícios em voz alta, ou gravá-los para poder participar também. Esses exercícios foram utilizados em sessões individuais, com pequenos grupos, em situações características de sala de aula e em grandes sessões de treinamento com até duzentos adultos.

As imagens mentais dirigidas constituem um processo de introspecção, concentrando a atenção na respiração e no relaxamento do corpo e deslocando-se para níveis de consciência mais profundos, onde um maior número de imagens são acessíveis à mente consciente. Isto pode assumir a forma de um agradável passeio à praia ou às montanhas, um encontro com uma experiente pessoa interior ou a visualização de si mesmo como um vencedor em qualquer atividade em que se empenhe. Toda vez que dirijo um exercício de imagens mentais, aprendo algo novo sobre as infinitas possibilidades de aprendizagem, cura e criatividade que esta técnica proporciona.

1

Uma nova visão de nossos filhos

Nossos filhos são mais inteligentes do que os de qualquer geração anterior. Tínhamos o hábito de pensar nas crianças recém-nascidas como uma taça vazia à espera de que seus experientes pais e a sociedade onisciente a enchessem de conhecimentos. Essa teoria não se sustenta mais. Nossos avós sabiam do que estavam falando quando observavam que a sabedoria vem "da boca dos bebês".

Nossos filhos sabem muito mais do que lhes creditamos. É tal o seu conhecimento inato que vêem o presente e o futuro com mais clareza do que nós, e estão evoluindo num ritmo mais veloz e mais sofisticado do que nós. Por essa razão, as técnicas de aprendizagem atuais são inadequadas para eles.

Não nos basta oferecer-lhes ambientes de aprendizagem estimulantes; devemos também reforçar aquilo que eles já sabem. Centenas de milhares de crianças *desaprendem* o que sabem porque não reconhecemos o que elas sabem. Elas desaprendem a sua própria e singular maneira de abordar o aprendizado de coisas novas, porque alguns professores talvez pensem que elas estão trapaceando quando se lembram com muita facilidade. Muitas vezes os adultos falam de terem apagado suas memórias fotográficas, quando crianças, porque não queriam que os seus professores pensassem que estavam aprendendo rápido demais.

Este livro trata de uma aprendizagem fácil, com criatividade e sem tensão. Nele utilizaremos técnicas de imagens mentais como recursos para ajudar nossas crianças a reconhecer o que já sabem e para acelerar a aprendizagem. Estas técnicas são simples de usar e não exigem muito tempo, nenhuma despesa nem novos materiais. Elas vão para onde você for. Tudo que é necessário fazer é reconhecer que usamos imagens mentais o tempo todo sem perceber que podemos fazê-las trabalhar para nós.

Que são imagens mentais?

> Imagine como seria sentar-se à beira-mar neste momento, sentindo uma suave brisa salgada no rosto e o calor do sol nas costas. Ouça o rugido das ondas quando se chocam contra a areia úmida e cintilante.

Você pode não ter ''visto'' este quadro, mas pode ter sentido o calor do sol ou pode ter ouvido as ondas se precipitando. Pense nisso por um momento. Como você imagina? Você *vê* mentalmente filmes, *ouve* sinfonias, *sente o cheiro* ou o *paladar* de palavras e idéias, ou os *sente* no seu corpo? É provável que combine várias dessas formas de sentir.

Já pensou alguma vez em utilizar ativamente as suas imagens? As imagens mentais são um instrumento de aprendizagem extremamente eficaz. Com o uso delas aumentamos a capacidade de concentração e a memória, melhoramos a aprendizagem escolar e nos distinguimos nos esportes. O uso de imagens positivas e relaxantes ajuda a diminuir a tensão. As escolas de medicina das universidades mais importantes estão pesquisando a eficácia das imagens mentais na arte de curar. Homens de negócios bem-sucedidos usam diariamente as imagens mentais. Todo bom vendedor conhece o poder das imagens mentais positivas para aumentar as vendas.

As crianças pensam por imagens o tempo todo. Elas conhecem as coisas com todos os seus sentidos, mas, se não reforçamos essa capacidade natural de aprender com as imagens sensoriais, elas a perdem. Há algumas coisas interessantes que os pais e os educadores deveriam saber sobre as imagens mentais, a aprendizagem e o cérebro.

A aprendizagem e o cérebro

Aprendemos mais quando estamos relaxados. O conhecimento nos é mais acessível quando as nossas ondas cerebrais têm um padrão mais lento e mais amplo. Quando fechamos a porta às distrações em volta de nós e nos concentramos na respiração e no relaxamento muscular, nossas ondas mentais se tornam mais lentas.

Sabemos que, quando estamos relaxados e calmos, surgem de repente em nossa cabeça idéias que resolvem problemas que levamos horas tentando ''solucionar''. Quando o seu corpo se relaxa das atividades do dia, ao se deitar na cama à noite, você pode subitamente ter um vislumbre que soluciona dias de reflexão desperta.

Albert Einstein, que fora tido como um aluno anti-social e estúpido, descobriu a teoria da relatividade dessa maneira. Certo dia, estando deitado de costas, observando, divertido, a luz do sol que lhe batia nas pálpebras, pensou consigo mesmo como seria viajar num raio de sol. Ao deixar a mente vagar por essa imagem, teve uma percepção repentina de como isso seria exatamente. Esta percepção criativa permitiu-lhe descobrir a teoria que o tornou famoso.

Diz-se que Einstein usava simultaneamente ambos os hemisférios do cérebro. As idéias lhe vinham inicialmente como imagens visuais, que ele depois traduzia em palavras e equações matemáticas. Ele telegrafava essas informações de um hemisfé-

TAREFAS PREFERIDAS PELO HEMISFÉRIO ESQUERDO	TAREFAS PREFERIDAS PELO HEMISFÉRIO DIREITO
Tarefas orientadas temporalmente:	Tarefas orientadas espacialmente:
Fazer primeiro as coisas mais importantes	Imagens tridimensionais
Tarefas gradativas	Padrões
Análise seqüencial	Conexões
Lógica	Tarefas de síntese, visão global
Tarefas verbais	Tarefas não-verbais
Fatos, listas, computação	Imagens, gravuras, metáforas
	Sonhos, introvisão, intuição

Fonte: Adaptado de Betty Edwards, *Drawing on the Right Side of the Brain* (Usando o Lado Direito do Cérebro), Los Angeles, J. P. Tarcher, 1979, p. 40.

rio para o outro através do corpo caloso, o feixe de fibras nervosas que une os dois hemisférios do cérebro. Ele é citado por dizer que, na sua opinião, o mais importante aspecto da inteligência é a capacidade de usar as imagens mentais com os dados que temos.[1] Esta é uma forma de pôr em prática a aprendizagem com a totalidade do cérebro.

A aprendizagem ocorre em todo o cérebro. Estudos recentes do cérebro nos deram a imagem do órgão como sendo composto por duas metades: a esquerda e a direita. Cada metade *tem preferência* por determinadas tarefas. Estas não estão localizadas *no* cérebro; ocorre apenas que cada hemisfério processa tipos particulares de informação. É quase como se houvesse um acordo tácito entre esquerda e direita na coordenação das tarefas. A coisa importante a lembrar é que todo o cérebro está o tempo inteiro empenhado em aprender.

Todos estamos familiarizados com a pessoa de "cérebro esquerdo", sumamente ordenada, lógica, analítica. Quando pensamos em tais atributos, geralmente nos vêm à mente os engenheiros, os contadores e os advogados. Essas pessoas são capazes de atacar um problema de maneira gradativa e lógica. Uma criança com este estilo de aprender se destaca na escola, porque o nosso sistema educacional está voltado para tarefas verbais, escritas e de cálculo, e para a memória factual.

O indivíduo de "cérebro direito" é o pensador estético, sintético, holístico, que se destaca na arte, na música, na arquitetura, no esporte e em outras atividades não-verbais. Ele aborda um problema de maneira holística, ou seja, como um todo do começo ao fim, em vez de abordá-lo de forma gradativa. "Vê a luz no fim do túnel", mas pode não ser capaz de dizer-lhe como chegar lá passo a passo.

Não podemos realmente atribuir essas qualidades apenas ao hemisfério esquerdo ou direito, mas podemos dizer que as escolas favoreceram um único tipo de aprendizagem: um modelo verbal, linear, seqüencial, orientado para os fatos. Uma criança que não aprende deste modo não se ajusta ao modelo.

O dr. Michael Grady, da Universidade de St. Louis, indica algumas das limitações do sistema educacional corrente, tanto no ensino como na avaliação. "Ao confiar na leitura do cérebro esquerdo como método primordial de ensino e avaliação, estamos negligenciando o talento, que depende da operação simultânea de ambos os modos de trabalho hemisférico."[2] A utilização das imagens mentais, seguida de uma tarefa verbal, escrita ou artística, é uma forma de exercitar todo o cérebro.

O cérebro como um holograma

A memória não é armazenada numa única parte do cérebro. Os fatos memorizados não são armazenados num compartimento específico da memória. A pesquisa do dr. Karl Pribram, da Universidade de Stanford, sugere que *a memória é armazenada em todo o cérebro.*

Pribram compara o cérebro a um holograma. Em termos bastante simplificados, um holograma é uma imagem tridimensional de uma figura projetada no espaço. A imagem é armazenada numa chapa fotográfica. Milhares de imagens diferentes podem ser gravadas na mesma chapa, e cada uma delas pode ser reconstruída a partir de qualquer parte da chapa. Mesmo que a chapa fotográfica seja destruída, um raio de luz coerente que passe por um pedaço dela é suficiente para reconstruir a totalidade da imagem tridimensional.

Segundo Pribram, o cérebro funciona à maneira de um holograma. Milhões de imagens são armazenadas em todo o cérebro, e toda a memória é armazenada dentro de cada célula cerebral. Se temos uma imagem das condições e do contexto originais em que aprendemos algo, podemos lembrá-lo.[3]

Isto não é difícil de compreender, se pensamos nas pesquisas recentes sobre as moléculas de DNA. Os biólogos descobriram que o esquema da totalidade do ser físico de um indivíduo está contido no núcleo de cada célula do corpo, inclusive nas células do cabelo e da unha. Se o plano-mestre de nosso corpo físico está contido em cada célula do nosso corpo, parece natural que toda memória esteja contida igualmente em cada célula de nosso cérebro/corpo.

Aprendizagem multissensorial

As conseqüências dessa teoria sobre o funcionamento do cérebro são fascinantes. Conclui-se que a imagem de cada flor que cheiramos, de cada toque que sentimos, de cada pôr-do-sol que contemplamos, é lembrada em todo o cérebro. Se nos dermos conta do papel que desempenham os nossos sentidos na aprendizagem, poderemos utilizar nossos sentidos para trazer à tona tais lembranças.

Por exemplo, podemos começar a associar uma relação de números que queremos lembrar com os sons ou odores que nos atingem no momento em que olhamos os números. A grafia das palavras poderia ser lembrada mediante associação a cores ou ao modo como são sentidas. Se utilizássemos os nossos sentidos, a aprendizagem não se limitaria à memorização mecânica.

A maioria das crianças é naturalmente capaz de armazenar lembranças associando-as aos seus sentidos.[4] Kevin, um dos meus alunos do terceiro ano, associava a tabuada "dos nove" ao cheiro das panquecas. Seu pai estava preparando panquecas na manhã em que Kevin aprendeu essa tabuada.

As crianças que aprendem deste modo geralmente perdem essa capacidade natural, porque ela é desencorajada e tida como tola por seus pais e professores. Tais crianças são sinestésicas (interligam os sensores). O cruzamento das sensações amplia a memória.

Um exemplo famoso de memória sensorial é o de "S", um repórter de jornal que foi estudado pelo psicólogo russo A. R. Luria por sua extraordinária capacidade de se lembrar de detalhes. Luria testou sua memória de várias maneiras, inclusive lendo para S uma lista de algumas centenas de sílabas sem sentido e sem nenhuma espécie de seqüência. S não apenas lembrou a série completa, mas foi capaz de repeti-la integralmente oito anos mais tarde.

A resposta dada por S foi: "Sim, é verdade... foi uma série que você me deu certa vez, quando estávamos em seu apartamento. Você estava sentado à mesa e eu na cadeira de balanço. Você vestia um terno cinza e olhou para mim assim... Pois bem, posso vê-lo dizendo..." e então começou a desfiar a série perfeitamente.

Quando lhe davam uma lista aleatória de itens para lembrar, S formava espontaneamente uma imagem viva de cada item e a associava a algum objeto ao longo de uma estrada ou rua que conhecia. Ele podia relembrar a lista de itens caminhando mentalmente pela rua e vendo os objetos que associara a esses itens.[5]

Um dos meus alunos de terceira série associava números a palavras que rimavam. Quando tinha necessidade de relembrar uma soma, simplesmente se recordava de sua associação rimada, por exemplo, *"Two plus two equals four"*, tornou-se *"blue double door"*.*

As nossas crianças que aprendem desse modo geralmente perdem essa capacidade natural, porque ela é desencorajada e tida como tola pelos seus pais e professores. Se não aprendem do modo como as escolas ensinam, são ignoradas ou rotuladas de "incapazes de aprender". Pela utilização das imagens mentais dirigidas, pais e educadores podem reforçar esta aptidão natural de aprender com os sentidos e melhorar a aprendizagem escolar de nossas crianças.

* Em português, "dois mais dois, quatro, bico de pato" (N.T.).

2

O uso das imagens mentais

⊗ ⊗ ⊗ ⊗ ⊗ ⊗ ⊗

Usar as imagens mentais é como comer alcachofra. Ao tirarmos as duras pétalas externas da alcachofra, encontramos as pétalas internas, mais tenras e delicadas, e o saboroso miolo do fruto. As imagens mentais atuam da mesma forma. As grossas pétalas externas são como as elevadas tensões que existem no nosso ambiente quotidiano. Quando impedimos a entrada das distrações de nossa agitada vida de cada dia, começamos a descobrir um tesouro de criatividade e sabedoria dentro de nós.

As imagens mentais dirigidas são uma ferramenta para abrir a porta da criatividade. Os exercícios de *Giro Interior* não devem ser usados como recurso terapêutico para lidar com o comportamento neurótico ou com fenômenos psíquicos. É verdade que as imagens mentais dirigidas são utilizadas na terapia por médicos competentes, mas não é este o meu propósito neste livro. Espero que esses exercícios ofereçam a crianças e adultos uma oportunidade de experimentarem juntos uma vida mais plena e mais criativa.

É possível que você queira usar os exercícios na ordem em que se apresentam; ou talvez prefira folhear o livro, descobrindo os exercícios mais adequados às suas necessidades pessoais. Estes exercícios não são seqüenciais; no entanto, sugiro que comece pelo Exercício de Relaxamento do Capítulo 3 para acionar o processo.

A busca da tranqüilidade

Ao iniciar o trabalho com as imagens mentais, levei vários meses fazendo exercícios de respiração e relaxamento antes de ensiná-los aos meus filhos. Eu utilizava o exercício de relaxamento para concentrar-me e acalmar-me durante um período emocional particularmente difícil de nossa vida familiar.

Quando apresentei a idéia aos meus filhos pequenos, que tinham então quatro e seis anos, disse-lhes que estava fazendo um exercício divertido que me ajudava a ficar mais calma e a prestar atenção em mim mesma. Disse a Heather e Brendan que ele era muitíssimo parecido com sonhar acordado, e que eu acreditava que tais exercícios nos ajudariam a aprender mais, a ficar mais tranqüilos e a nos divertirmos mais. Convidei-os a fazermos uma tentativa juntos e tratamos de encontrar uma hora que fosse adequada às necessidades de cada um. Escolhemos o fim da tarde para "brincar" com nossas imagens, e demos a esse momento em que ficávamos juntos o nome de "hora da tranqüilidade".

A escolha da hora

Em casa

O horário de cada família ditará o melhor momento para o uso das imagens mentais. Muitas famílias preferem o início da manhã, antes da ida para a escola e para o trabalho. Alguns pais me disseram que estes exercícios de imagens mentais substituíram a televisão à noite, e eram seguidos pelo relato de histórias originadas das imagens.

Algumas pessoas fazem um breve exercício de relaxamento antes do jantar, para que cada membro da família possa comer sem tensão e sem a confusão que muitas vezes caracteriza as refeições da família. Os pais que estão em casa quando os filhos retornam da escola se servem com freqüência dos exercícios de imagens mentais para ajudar os filhos a se aquietarem após um dia agitado.

Na sala de aula

Os professores utilizam um breve exercício de relaxamento no início do dia, depois da merenda, antes de certas aulas ou antes das provas. A constância é o segredo. Realizar o exercício à mesma hora todo dia ou uma vez por semana cria continuidade para você e para as crianças. Essa hora se torna para as crianças o momento que aguardam ansiosamente. E você não precisa de muito tempo; cinco minutos bastam para começar, e você aumentará a duração naturalmente à medida que explora o processo.

Na minha turma de terceira série, a cena se desenrolava mais ou menos assim:

São 8:55 da manhã e eu apago as luzes da sala de aula. As crianças, em sua maioria, se detêm em meio aos movimentos ou às frases. Um grupo de espertos, que jogam *War* no canto almofadado dos livros, prosseguem num tom abafado de voz. As pombas arrulham na gaiola. Ouvimos o barulho dos dominós desabando um a um no complicado arranjo criado por Tim. Torno a acender as luzes, e as crianças completam as palavras ou frases que estavam na ponta da língua. Elas põem de lado seus jogos ou canetas, penduram seus agasalhos e se reúnem lentamente sobre o tapete.

Sentados no tapete, nós, que somos ao todo vinte e oito, formamos dois círculos concêntricos. Espero até que todos estejam acomodados. ''Por que não pendura o seu blusão, John? Creio que ficaria mais à vontade... Alan, você acha que pode sentar perto de Joe sem sentir vontade de conversar com ele?... Oh! Marissa, você está de volta à turma! Como foi a sua viagem?'' Depois de alguns minutos de contorções e bocejos, as crianças e eu conseguimos ficar quietos e tem início a nossa hora diária de tranqüilidade.

''Busquem uma posição que possam manter durante vários minutos e fechem os olhos. Concentrem a atenção na sua respiração. Muito bem, apenas relaxem e sintam que a tensão nos músculos do seu corpo desaparece a cada respiração que fazem. Inspirem... e expirem... inspirem... e expirem.''

Qual o melhor ambiente?

Em casa

Procure um lugar dentro ou fora de casa, livre de distrações. Desligue o telefone e faça os amigos da vizinhança saberem que você está ocupado. Um cartaz criativo

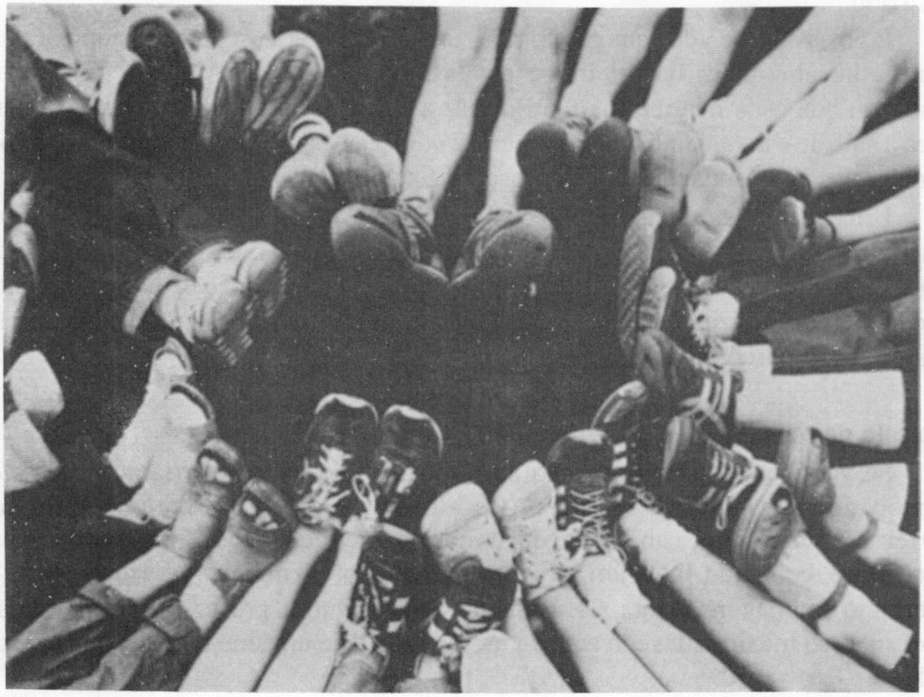

que diga GÊNIO BRINCANDO – NÃO PERTURBE poderia dar o resultado desejado.

É possível que você queira preparar um ambiente que seja reservado para essa hora, com almofadas ou esteiras e plantas. Faça-o bonito. Algumas pessoas me disseram que cada membro da família traz a sua própria almofada de relaxamento para a sala de estar quando chega a hora de começar. Isto indica, com um mínimo de conversa e recomendações, que o processo está para ter início.

Uma de minhas alunas organizou uma "sala de meditação" em seu guarda-roupa. Tirou os sapatos do chão do armário e encheu-o de macias almofadas azuis. Então, convidava a mãe todas as noites para refazer com ela o exercício de imagens mentais que havíamos realizado naquele dia em classe. Esses exercícios ajudaram sua mãe a passar por um divórcio muito penoso.

Na sala de aula

Se você tem na sala uma área atapetada, seus alunos poderiam sentar-se em um ou dois círculos concêntricos. Os alunos mais velhos sentam-se em suas carteiras, com a cabeça abaixada, ou simplesmente fecham os olhos ou olham para o chão. É bom que haja um sinal combinado previamente para dar início ao exercício de imagens mentais. Eu apago as luzes. Outros professores têm utilizado com sucesso música suave, o som de um gongo ou de um sino ou o acender de uma vela.

A estrutura da mente

É melhor trabalhar com as imagens mentais quando se está bem relaxado. Tentar começar um exercício de imagens mentais quando se está irritado ou perturbado provavelmente interferirá no processo. Algumas famílias e turmas escolares chegam a servir-se dos exercícios de relaxamento antes de tentar resolver uma discussão pois acham que as soluções se tornam então mais flexíveis e criativas.

Estes exercícios são agradáveis. Você e seus filhos estão compartilhando aspectos de si mesmos que comumente não revelam aos outros, e por isso podem descobrir que se tornam mais próximos. Podem descobrir que a hora tranqüila se torna uma oportunidade para partilharem os seus desejos, sonhos e temores uns com os outros.

Resistência ao uso das imagens mentais

Em casa

É possível que você encontre resistência de alguns membros da família, mas não se intimide. Explique aos seus relutantes filho ou esposa que gostaria de tentar fazer esses exercícios para ajudar todos a relaxarem, a aprenderem mais facilmente, a melhorarem as aptidões da memória, a viverem em harmonia e a serem mais criativos e fecundos. É difícil questionar tais objetivos!

Trabalhe com os membros da família que desejem se associar. Os outros virão se juntar quando estiverem dispostos. Deixe bastante claro, no entanto, que não podem interferir ou fazer barulho (sobretudo vendo televisão) quando o restante da família estiver reunido na sua hora de tranqüilidade. Talvez possam ler um livro, ouvir música suave ou desenhar enquanto vocês estiverem ocupados com as imagens mentais.

Você pode achar também que a idade tem influência no quanto uma criança deseja participar. Quando meus filhos eram mais novos, ficavam ávidos por juntar-se a mim. Ao chegarem à adolescência, outros interesses passaram a ser prioritários. Na época do curso secundário, meu filho muitas vezes pedia um exercício mental antes de uma prova importante, para ajudá-lo a relaxar e a melhorar a memória. Aos dezessete anos, minha filha preferia relaxar e usar a criatividade ouvindo música e pintando. Toda necessidade individual e modalidade de expressão devem ser acatadas e respeitadas.

Na sala de aula

Embora as técnicas de visualização e de imagens mentais tenham obtido ampla aceitação e uso nos esportes, nos cuidados com a saúde e nos negócios, muitos estudantes não travaram contato com esses recursos de ensino na sala de aula. Explique a seus alunos e aos pais deles que o objetivo destes exercícios é diminuir a tensão, aumentar a aprendizagem e melhorar as aptidões da memória. Saliente que a atenção é o requisito preliminar para ouvir e aprender, e que as imagens mentais auxiliam o aluno a se concentrar e prestar atenção. Sempre digo aos meus alunos que elas constituem um instrumento que valorizo na minha vida pessoal para permanecer calma e centrada.

Sugiro aos meus alunos que fechem ou baixem os olhos para o chão com um olhar "suave" ou pálpebras semicerradas. Fixo duas regras antes de começar: não falar ou cochichar durante o exercício, nem estorvar o outro. Compreendo que, devido à estranheza da técnica, nem todos os alunos participarão inicialmente, mas todos devem aprender a respeitar a escolha dos outros pelo relaxamento e pela concentração.

É possível que se passem algumas semanas até que professor e alunos se sintam à vontade com o processo. Recomendo aos professores que dêem um prazo de seis semanas antes de esperar resultados positivos. No início, esperem risos abafados. Os alunos podem se sentir embaraçados, preocupados pelo fato de outros estarem olhando para eles, ou considerar tola a idéia de ter, na escola, uma hora para exercitar o cérebro. Notei que as risadas desaparecem se os alunos não forem alvo de atenção por isso.

O mais surpreendente para mim é que os próprios alunos pedem aos que os interrompem que parem. Não querem que a sua hora de imagens mentais seja interrompida. Quando eu ensinava na terceira série, os meus alunos pediam aos retardatários que esperassem fora da sala até que a nossa hora de tranqüilidade terminasse. Em breve não houve mais retardatários!

Às vezes há resistência dos pais dos alunos. Na minha turma, alguns pais inicialmente eram céticos; por isso convidei-os a participar da nossa hora matinal de tranqüilidade. Sem exceção, todos gostaram dela, e vários pais tornaram parte habitual do seu dia o unir-se a nós para a hora de tranqüilidade ao trazerem os filhos à escola. Gostavam de começar o trabalho ou outras atividades quotidianas relaxados e concentrados.

Certa mãe me disse que a filha se queixava de ter de fechar os olhos. Isto a assustava. Sugeri que ela mantivesse os olhos abertos, e isso aliviou-lhe o medo.

Um menino do terceiro ano e sua mãe pediram que ele não fosse incluído nos exercícios. Ele os achava "bobos", mas gostava de ouvir o que os seus colegas tinham a dizer. Permiti que ele escolhesse entre juntar-se a nós no tapete e ouvir ou sentar-se e ler no canto destinado à leitura. A maior parte do tempo ele se sentava do lado de fora do círculo, ouvindo as outras crianças descreverem as suas imagens.

Continuação

Depois de um exercício de imagens mentais dirigidas, algumas crianças gostam de comentar como o seu corpo se sentiu ou que imagens lhe ocorreram. Outras preferem desenhar ou pintar as imagens que surgiram, escrever sobre elas, ou expressá-las em movimento. Vá devagar no começo e respeite o momento de cada um. As crianças estão muito mais próximas de suas imagens interiores do que os adultos. Dê-lhes o tempo que desejarem para revelar a você as suas experiências. Não se pode forçar uma orquídea a florir; você pode, no entanto, se deleitar com o processo do desabrochar.

Confiança no processo

Uma coisa que aprendi com os anos de uso dos exercícios de imagens mentais, tanto com crianças quanto com adultos, é que não se deve ter esperanças definidas de como e de quando as pessoas reagirão. Tenho, porém, de fato, plena confiança em que este processo tem grande valor para aqueles que se servem dele. Descubra os exercícios que são úteis para você e para seus filhos; improvise; invente novos exercícios. Dê livre curso à sua imaginação.

Talvez você julgue que o relaxamento sentado seja ineficaz para você e para uma criança hiperativa. Talvez você queira ficar em pé ou deitar-se. Muitos pais e professores mantêm as crianças pequenas no colo, esfregando-lhes suavemente as costas, enquanto dirigem um exercício de relaxamento. Isto tem um efeito calmante e tranqüilizador. Outra sugestão é dar à criança uma pequena bola de argila para segurar enquanto faz o exercício. Isto é particularmente útil com alunos cinestésicos.

Alunos e adultos de mais idade podem adormecer se ficarem deitados enquanto fazem os exercícios de imagens mentais, e os seus roncos podem perturbar a turma! Você pode sugerir a eles que se sentem numa posição cômoda, com as costas apoiadas na parede ou numa cadeira. Algumas crianças e adultos preferem se movimentar enquanto trabalham com as imagens mentais. Certo senhor movimenta constantemente as mãos durante o processo, desenhando no ar as imagens que vê em sua mente. É engenheiro e inventor, e utiliza as imagens mentais para ativar sua fértil imaginação.

Alguns exercícios físicos de alongamento antes das imagens mentais dirigidas podem preparar o corpo e a mente para imagens mais vívidas. Alguns dos exercícios simples apresentados em *Awareness through Movement*,* de Moshe Feldenkrais, são excelentes para harmonizar o sistema integral de corpo e mente. *Listening to the Body*, de Robert Masters e Jean Houston, também é um excelente recurso.

* Publicado com o título de *Consciência pelo Movimento* por Summus Editorial, tradução de Daisy A. C. Souza, SP, 1977. (N.T.)

3

Sintonizando a sua própria estação

⊗ ⊗ ⊗ ⊗ ⊗ ⊗ ⊗

> ***A mente preparada e unidirecionada está aberta à percepção criativa porque ignora o pensamento.***
>
> Joseph Chilton Pearce
> *Magical Child*

A atenção

Provavelmente, uma das coisas mais valiosas que podemos ensinar às nossas crianças é como prestar atenção. Como estar atentas, como se dar conta da sua própria existência como seres humanos. Como estar plenamente presentes, a cada instante, em corpo e mente.

Ensinar às crianças a atenção à respiração e sugerir-lhes modos de relaxar o corpo habilita-as a se tranqüilizarem ou a acalmar suas emoções. Assim, elas adquirem uma compreensão mais completa de si mesmas.

A palavra *atenção* deriva do latim *attendere*, "estender em direção a". Em que direção desejamos que nossas crianças caminhem? Para os valores que vêem refletidos em volta delas na nossa sociedade competitiva, repleta de tensões e orientada para o consumo? Ou para uma compreensão clara de quem elas *são*?

Nossa maneira de viver está tão cheia do que *fazemos* que mal temos tempo para simplesmente *ser*. Nossa vida de cada dia, em ritmo acelerado, segmentada, torna difícil estar totalmente presente a qualquer momento; estamos sempre pensando no que vai acontecer em seguida. Não há tempo algum para a tranqüilidade ou a reflexão.

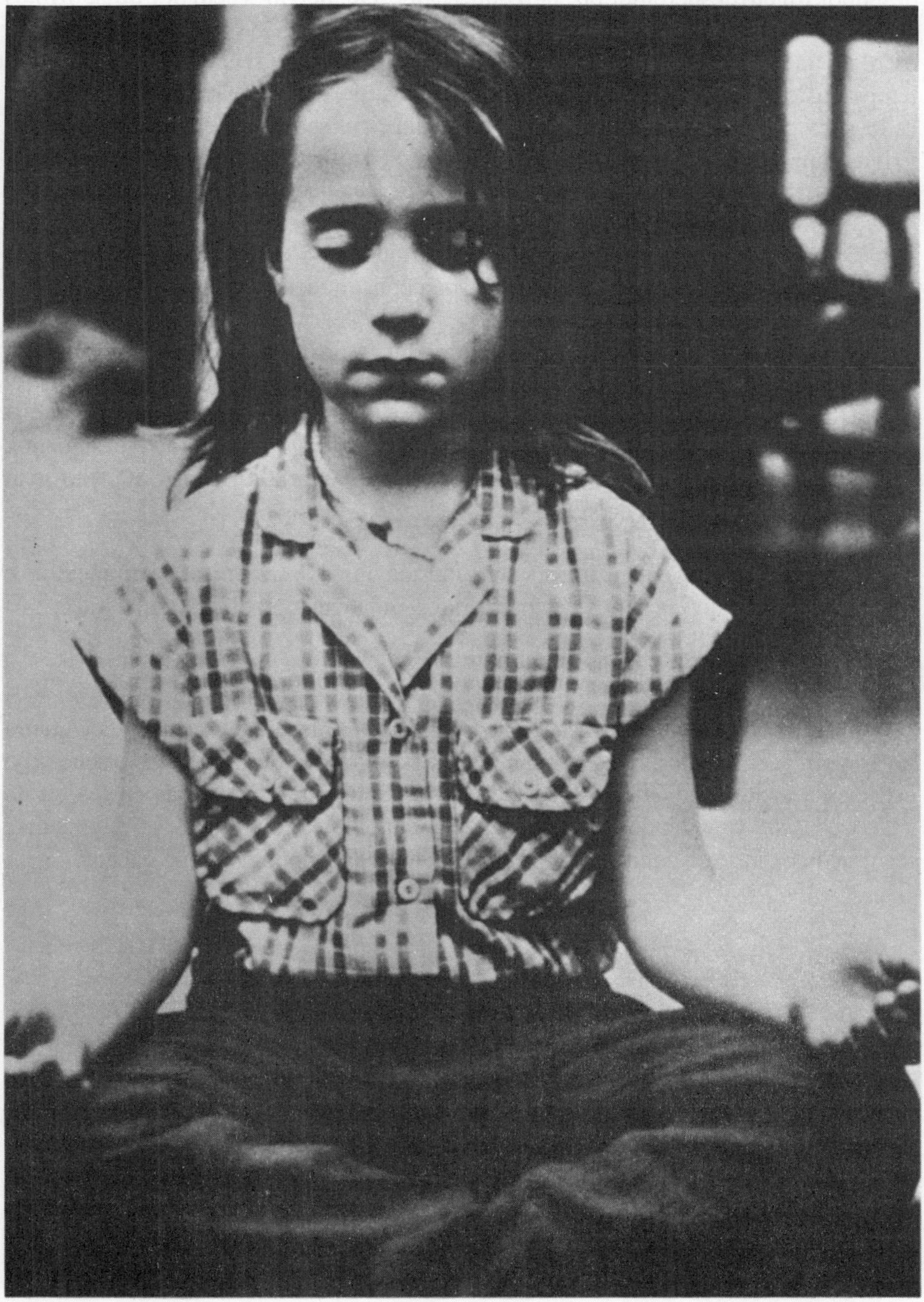

Num exercício que realizei certa vez com a minha turma de terceiro ano sobre aquilo de que não gostavam em suas vidas, o símbolo que apareceu em todos os seus desenhos foi um despertador fazendo tique-taque. Quando lhes pedi que dessem mais pormenores sobre o relógio, as reações típicas foram: "Detesto sair correndo da escola para jogar futebol", "Nunca tenho tempo nem para sentar", "Jamais tenho tempo suficiente para brincar com meus amigos, porque mamãe precisa me pegar cedo para poder ir a algum lugar". Num exercício semelhante com alunos mais velhos, um deles observou: "Eu julgava que os professores, no curso secundário, iriam tornar o trabalho mais suave, mas temos trabalhado mais do que nunca. Não me sobra tempo para os amigos."

Breves exercícios de imagens mentais ajudam a criança a se desligar das distrações e exigências da vida quotidiana e a concentrar-se em *ser*.

> Feche os olhos e sente-se muito tranqüilo. Agora ouça apenas a sua respiração. Inspire... e expire. Inspire... e expire. Agora continue a respirar dessa maneira, abandonando qualquer pensamento, sentimento e preocupação que possa ter neste momento. Ouça simplesmente a sua respiração, enquanto, suavemente, você inspira... e expira... inspira... e expira. Preste atenção ao ar entrando e saindo de suas narinas.

Neste exercício, a atenção está concentrada numa *única* coisa: o ritmo calmo e tranqüilo de algo que fazemos normalmente sem jamais perceber – a respiração.

Relaxamento

Uma vez que tenha dominado este exercício simples, pode ser que você queira levá-lo um pouco mais adiante e tratar de relaxar o corpo. Observe como o seu corpo está nesse exato momento. Você se dá conta de alguma tensão nas costas ou no pescoço? Está prendendo a respiração enquanto lê? Muitas pessoas prendem a respiração quando se concentram, muitas vezes provocando dores de cabeça.

EXERCÍCIO 1

Exercício de relaxamento

IDADE: de 3 anos à idade adulta
TEMPO: 5 minutos

Procure um lugar tranqüilo onde se sentar ou deitar, e oriente seu filho, sua família ou sua turma através deste exercício.

Feche os olhos e sente-se (ou deite-se) bem tranqüilo. Deixe passar alguns instantes e observe como o seu corpo está. Você está prendendo a respiração ou respira uniformemente? Observe se sente qualquer tensão ou esforço em alguma parte do corpo. Agora você vai relaxar o corpo à medida que relaxa a respiração.

Inspire... e expire... inspire... e expire; deixe de lado todos os pensamentos e preocupações. Continue a inspirar... e a expirar suavemente, e concentre a atenção nos seus pés. Só preste atenção neles, nada mais. Sinta como eles estão. É possível que seja a primeira vez que tenha posto toda a atenção nos pés. Agora, enquanto faz uma inspiração profunda, tensione ou contraia os músculos dos pés... mantenha a tensão... e, ao expirar, relaxe a tensão dos músculos dos pés. E depois continue respirando suave e calmamente. (*Pausa*)

Concentre agora a atenção nas pernas – apenas as pernas, nada mais – e observe como estão. Em seguida, enquanto inspira, contraia os músculos das pernas... mantenha a contração... e agora solte a tensão das pernas, enquanto expira. (*Pausa*)

Em seguida, volte a atenção para as nádegas e para a região pélvica. Inspire, contraindo os músculos das nádegas e da pélvis... mantenha a tensão... e, expirando, solte a tensão das nádegas e da pélvis. (*Pausa*)

Concentre a atenção nas costas... inspire, contraindo as costas... mantenha a contração... e, expirando, relaxe a tensão das costas. (*Pausa*)

Concentre a atenção no abdômen... apenas observe como ele está... observe se você contrai os músculos do abdômen. Em seguida, inspire suavemente, enquanto contrai os músculos do abdômen... mantenha a contração... depois relaxe. (*Pausa*)

Ponha a atenção no peito... mantenha-a aí... e, em seguida, relaxe. Continue respirando suave e calmamente. Concentre a atenção nos ombros... Repare se você tensiona mais um ombro do que o outro. Agora inspire, enquanto contrai os músculos dos ombros... mantenha a contração... e relaxe. (*Pausa*)

Concentre agora a atenção nos braços e nas mãos, e, quando contrair os músculos das mãos, fique realmente de punho cerrado; e então, ao relaxar a tensão, solte muito devagar os dedos. Inspire ao contrair os músculos dos braços e das mãos... mantenha a contração... e relaxe. (*Pausa*)

Em seguida, ponha a atenção na mandíbula e nos músculos da face, observando como estão. Inspire, contraindo os músculos da mandíbula e dos olhos, do nariz e da boca... mantenha a contração... e depois relaxe, soltando qualquer tensão que possa ter nos músculos da mandíbula e da face. (*Pausa*)

Concentre em seguida a atenção na testa e na cabeça. Inspire, contraindo os músculos da testa e da cabeça... mantenha a contração... e relaxe. Volte então a atenção para a sua respiração... respirando suave e calmamente... e desfrute o relaxamento do seu corpo.

(*Depois de um minuto*) Volte, em seguida, à plena consciência, enquanto conto até três. Abra os olhos quando eu chegar a três. Um... dois... três.

Quando pomos a atenção na respiração, em cada grupo de músculos, em cada parte do corpo, estamos aprendendo como concentrar a atenção. Quanto mais eu utilizava os breves exercícios de relaxamento, no início da manhã, com meus filhos, mais convencida ficava de que estes simples exercícios nos ajudavam a nos concentrar. E temos necessidade de nos concentrar para aprender.

EXERCÍCIO 2

Cascata de luz branca

IDADE: de 5 anos à idade adulta
TEMPO: 5 minutos

Feche os olhos e concentre a atenção na respiração. Dê a si mesmo a sugestão de que a cada expiração seu corpo se torna cada vez mais relaxado. Agora imagine que uma bela cascata de luz branca está penetrando a parte superior da sua cabeça. Você sente uma suave energia benéfica atravessando todo o seu cérebro e derramando-se pelo seu rosto, pelo seu queixo e pelo seu pescoço. A cascata de luz branca continua a cair, dirigindo-se para o seu peito, ombros e costas. Desce pelos seus braços e mãos e sai pela ponta dos dedos, levando com ela toda a tensão que você mantinha no corpo. A luz branca continua fluindo para o seu abdômen e plexo solar, para sua pélvis e nádegas. Continua descendo para as coxas, os joelhos e a barriga das pernas. Entra, em seguida, nos seus tornozelos e pés e sai pelos artelhos, levando consigo toda tensão ou incômodo que você tenha acumulado no corpo. Agora você está mergulhado numa cascata contínua de luz branca. Cada parte do seu ser está cheia de luz branca. Deixe essa energia derramar-se sobre você e desfrute a suave tranqüilidade que ela traz. (*Pausa de 1 minuto*) Agora, devagar, você volta a ficar plenamente consciente. Vou contar até dez. Conte comigo em voz alta a partir de seis e abra os olhos no dez, sentindo-se relaxado e alerta. Um... dois... três... quatro... cinco... seis... sete... oito... nove... dez.

Reações ao exercício da cascata

A cascata desceu e se esparramou para cima e para baixo, e continuou indo sem parar da minha cabeça até os dedos dos pés.

– Heather, cinco anos

A cascata de luz branca fez-me sentir animado e vibrante. Senti-me tranqüilo.

– Sid, oito anos

4

Aprendendo com todos os sentidos

⊗ ⊗ ⊗ ⊗ ⊗ ⊗ ⊗

Aprendendo com os cinco sentidos

Quando você imagina uma cena, você vê, ouve, sente, experimenta o sabor ou o cheiro da imagem? Se eu lhe pedir que se lembre do momento em que saboreou, pela primeira vez, uma torta de maçã, você se vê como uma criança sentada na cozinha da sua avó ou da sua mãe? Ouve o rumor dos membros da família ao seu redor? Talvez sinta o gosto das maçãs quentes ou água na boca ao lembrar do aroma e do sabor ácido das maçãs e da massa delicada. Você pode notar que experimenta uma combinação de várias dessas sensações. A maioria de nós nota. Não temos apenas uma sensação. Somos muito mais interessantes.

Assim como *sentimos* de múltiplas maneiras, também *aprendemos* de múltiplos modos. Alguns de nós reagem, principalmente por via auditiva, a sons e palavras faladas. Alguns, para compreender uma idéia, necessitam de uma representação visual ou de uma figura. E outros ainda conhecem as coisas com o próprio corpo. Aprendem cinestesicamente, com uma impressão táctil ou uma sensação muscular. Para esses, a idéia "se move".

Podemos pensar em nós mesmos como seres orientados verbal/auditivamente, visualmente ou cinestesicamente; mas o mais provável é estarmos utilizando simultaneamente todos esses sistemas. Em alguns casos, entretanto, estamos mais conscientes de um sistema do que de outro.[1]

Sei que, ao ouvir uma palestra, tenho que converter as palavras que ouço num esboço ou representação visual para compreender totalmente o que ouvi. Uma amiga minha, muito chegada, fica de pé no fundo da sala de conferência para poder se movimentar enquanto o conferencista fala. Ela compreende melhor quando movimenta o corpo.

Um antigo aluno meu do terceiro ano, chamado Tony, nunca era capaz de ficar sentado tranqüilamente enquanto eu explicava no quadro-negro uma lição. Tinha que dar cutucadas no aluno sentado ao seu lado ou balançar-se para trás e para a frente na carteira, distraindo não apenas a mim como ao restante da turma. Depois de mudar sua carteira para vários lugares da sala de aula, sem sucesso, tentei uma nova tática.

Perguntei a Tony se queria limpar com esponja a mesa de modelagem em barro, enquanto eu dava à turma uma lição de fonética. Eu tinha a impressão de que ele precisava se movimentar para ouvir bem. Enquanto ele passava a esponja, com um movimento circular, percebi que estava prestando muita atenção ao que eu estava dizendo.

Depois da aula, fiz à turma perguntas sobre as regras de combinação de vogais que eu havia apresentado, e Tony obteve um resultado perfeito: 10. Antes, jamais obtivera nota superior a 3. Para mim ficou claro que ele aprendia enquanto se movimentava. Por algum motivo, era mais fácil para ele *ouvir* o que eu estava dizendo e compreender a lição que eu estava escrevendo no quadro-negro se estivesse *movimentando* o corpo.

Trabalhando com os exercícios de imagens mentais, comecei a observar os modos de aprender das crianças. Matt dizia que "via" quatro campos cheios de flores azuis e amarelas, que formavam dois quadrados. Isso foi interessante para mim, porque Matt estava tendo dificuldade em acompanhar o ensino *oral*, mas não encontrava dificuldade alguma se as instruções eram *escritas* no quadro. Ele gostava de fazer mapas e trabalhos artísticos. Talvez necessitasse de sugestões *visuais* para compreender uma idéia; esta era a razão pela qual tinha tanta dificuldade nas tarefas verbais/orais, como fazer ditado ou participar das discussões em grupo.

Liza dizia que "*sentia* a casca de uma árvore", e depois *sentia* como se estivesse subindo uma colina. Quando transmitia uma idéia a mim ou à turma, fazia-o com todo o corpo: ondulando os braços, inclinando a cabeça e fazendo dançar os pés. Na verdade, ela *se movia* junto com a idéia.

Algumas crianças imaginam, antes de tudo, visualmente. Outras *ouvem* imagens. Lembro-me de ter perguntado à minha filha, Heather, onde ia buscar as idéias para o minucioso diálogo de uma de suas histórias: "Oh! eu simplesmente ouço as pessoas falando e tomo nota." Muitas crianças percebem que seus sentidos de olfato e paladar fazem vir lembranças à tona. Qual a sua primeira lembrança associada à torta de maçã quente?

Aprendendo com o sentido cinestésico

É provável que o sentido que predomina na percepção das imagens seja para a criança o sentido cinestésico ou *corporal*. Seu filho é capaz de se imaginar correndo, nadando ou fazendo ginástica, e, de modo natural, se serve dessa capacidade para melhorar suas habilidades atléticas.

Recentemente, certa mãe perguntou-me o que era uma imagem cinestésica, e como sua filha, Jessica, havia aprendido a andar de bicicleta tão depressa. Expliquei-lhe que a imagem cinestésica é a *sensação muscular imaginada do nosso corpo*, e disse-lhe que podemos nos servir dessa imagem do corpo para aprender. Ela me contou que Jessica testara sua nova bicicleta, caíra, e tinha dito aos pais que precisava "ensinar o seu corpo cinestésico a andar de bicicleta com perfeição". Sentou-se então no passeio, fechou os olhos e imaginou-se andando perfeitamente de bicicleta.

"Foi espantoso", disse a mãe. "Eu vi, mesmo, o seu corpo se aprumar. Ela se levantou, montou na bicicleta e começou a andar. No começo, cambaleou um pouco, mas não caiu. Estava tão feliz consigo mesma!"

O sentido cinestésico também pode ser usado para melhorar a capacidade escolar. Perguntei certa vez à minha turma de terceiro ano como eles memorizavam as tabuadas de multiplicação. Eles me olharam interrogativamente. Perguntei-lhes então se usavam ritmos. Novamente uma expressão de espanto. Contei, então, enquanto batia na coxa: "Sete-vezes-sete, quarenta-e-nove". Imediatamente 70% da turma começou a bater palmas, bater os pés no chão e dizer em voz alta vários casos de multiplicação. Muitos silabavam as palavras cantando e batendo na coxa, e me disseram que era assim que conseguiam soletrar as palavras. Quantas crianças são mandadas parar de bater o lápis durante uma prova ou sentar-se quietas e prestar atenção, mesmo que a sua forma natural de aprender possa ser mexendo-se?

O movimento e o ritmo interior de meu filho me aborreciam quando ele estava no quarto ano. No seu quarto, no andar de cima, Brendan "estudava" as palavras do vocabulário tamborilando nos livros, batendo os pés nas travessas da cadeira, balançando para trás e para a frente e marcando cada batida com apupos e berros. Parecia uma banda de percussão de um músico só, e dava a impressão de alcançar 5,6 na escala Richter! Ele conseguia sistematicamente notas ótimas nas provas de soletração, e me disse que tamborilar era o seu método de memorização. Esse método é reconhecidamente penoso para os nervos dos outros membros da família, mas é partilhado por muitas crianças.

Não são as crianças as únicas que se movimentam quando estão aprendendo. Os adultos andam enquanto buscam a solução de problemas, e concebem complexas estratégias de negócios durante o "*cooper*" matinal. Uma professora secundária, muito inteligente, disse-me recentemente que elabora seus planos de aula para a semana enquanto joga golfe na manhã de domingo. Um produtor de filmes para televisão diz que vê com o corpo inteiro; ele sabe que uma cena é boa quando a "sente" com o corpo.

Como fortalecer estas diferentes maneiras de conhecer, para que possamos estimular as aptidões naturais de nossas crianças, em vez de desaprová-las ou sufocá-las? Um dos modos é começar a observar como o seu filho aprende. Pergunte-lhe e ouça a resposta com todos os seus sentidos.

OBSERVAÇÃO AOS PAIS

O Exercício 3 é um excelente meio de estimular a redação criativa ou uma atividade artística. Quando seu filho contar sua aventura nas nuvens, é possível que surja uma história que envolva a família inteira. Você pode achar útil e divertido gravar a narração, se seu filho não se sentir à vontade escrevendo-a. A gravação é um excelente instrumento para registrar idéias a serem utilizadas em histórias subseqüentes. Depois você pode escrevê-la à mão ou datilografá-la como uma legenda para a ilustração do seu filho.

OBSERVAÇÃO AOS PROFESSORES

Além de ser um instrumento útil para estimular a redação criativa e a expressão artística, este exercício alerta o professor para as modalidades fundamentais do sentir das crianças. Ajuda também o professor a instruí-la sobre os próprios sentidos e a estimular o uso de imagens mentais sensoriais na escrita de prosa e poesias.

EXERCÍCIO 3

Imagens mentais multissensoriais

IDADE: de 8 anos à idade adulta
EXERCÍCIO: 5 – 10 minutos
CONTINUAÇÃO: 10 – 15 minutos

No seguinte exercício de imagens mentais, sugerem-se a ambos os hemisférios do cérebro[2] *várias imagens sensoriais. Estas abrangem imagens visuais, auditivas, gustativas, olfativas e cinestésicas. É um exercício destinado a tornar as crianças mais conscientes dos seus sentidos.*

Sente-se numa posição cômoda. Feche os olhos e concentre a atenção na respiração. (*Pausa*)

Enquanto respira num ritmo tranqüilo, solte todas as tensões do corpo, sentindo-se cada vez mais relaxado. (*Pausa*)

Concentre, em seguida, a atenção no seu cérebro, e imagine-o como um tobogã aquático muito liso e maravilhoso. Imagine que você está escorregando por toda a sua extensão... para cima e para baixo, em todas as circunvoluções do cérebro. (*Pausa*)

Deixe de lado agora esta imagem. Breve vou sugerir-lhe várias imagens em cada lado do seu cérebro. Mantenha os olhos fechados e olhe para o lado esquerdo do seu cérebro. Do lado esquerdo você enxerga a cor azul. (*Pausa*)

Agora, abandone essa imagem e olhe para o lado direito do seu cérebro. No lado direito você enxerga a cor laranja. Deixe agora essa imagem e, no lado esquerdo, enxergue o vermelho... e, no direito, o verde. Na esquerda, enxerga um esquiador descendo um declive... na direita, um menino vai para trás e para a frente num balanço... Na esquerda, você sente a textura de um macio veludo vermelho... na direita, a textura de casca de árvore. Na esquerda, sente a pele de um recém-nascido... na direita, a textura de uma lixa fina. Na esquerda, sente o cheiro de panquecas assando... na direita, o aroma de um pinheiro. Na esquerda, sente o gosto de um picolé de limão. Na direita, segura na mão um suculento limão. Corta um pedaço dele e apenas encosta a ponta da língua no interior do limão. Na esquerda, sente o gosto de picles azedo... na direita, o gosto de uma banana bem madura... Na esquerda, ouve o sopro suave das melodias do vento... Na direita, ouve uma ruidosa buzina de ônibus. Na esquerda, ouve o seu primeiro nome... na direita, o último. Na esquerda, ouve o miado de um gatinho; na direita, o ronronar de um gato.

Agora deixe de lado essas imagens e imagine que o seu corpo é tão leve quanto uma pena. E imagine que uma nuvem macia e fofa aparece e levanta o seu corpo imaginário ou cinestésico. Esta nuvem o levará a qualquer lugar que queira ir, numa aventura. Ela o pousará delicadamente e, quando estiver pronto para retornar, a nuvem o trará de volta aqui para o seu corpo físico. Agora você tem um minuto contado no relógio, equivalente a todo o tempo de que necessita para viver uma aventura na sua nuvem. Passado esse minuto, você irá ouvir a minha voz chamando-o de volta. (*Pausa de um minuto*)

Agora é hora de voltar. A sua nuvem pega e traz você de volta para cá, e delicadamente o põe no seu corpo físico. E você se torna consciente do seu corpo físico... Breve vou contar até dez. Quando eu chegar a seis, junte-se a mim, abrindo os olhos no dez, sentindo-se plenamente alerta, relaxado e com o sistema sensorial ampliado. Um... dois... três... quatro... cinco... seis... sete... oito... nove... dez...

No Exercício 3, e em muitos dos exercícios seguintes, sirvo-me da frase cunhada pela dra. Jean Houston: "Você tem agora um (ou dois ou três) minuto(s) contado(s) no relógio, equivalente(s) a todo o tempo de que necessita." Durante um exercício de imagens mentais, a criança vive o "tempo subjetivo". O cérebro processa milhões de imagens em microssegundos, de modo que, num único período de sessenta segundos, as crianças têm, *de fato*, todo o tempo de que precisam para concluir as imagens mentais. Sabendo disso, não têm que se preocupar em relação ao momento em que o exercício terminará. Isso cabe a você.

Passado um minuto, ou o tempo que você tenha estipulado, sugira lentamente que é hora de voltar à plena consciência. Isso dá às crianças tempo para completar as suas imagens. Sugira, então, a percepção do corpo, do rosto e das mãos para que as crianças se sintam firmemente de pés no chão e alertas quando o exercício terminar. O pedido às crianças para que contem com você, quando chegar a seis, intensifica nelas ainda mais o sentido de consciência e o estado de alerta.

Reações às imagens mentais multissensoriais

Quando eu ouvi o meu último nome, ele ressoou. Eu também ouvi as melodias do vento. E, quando estava escorregando, eu estava do lado esquerdo do meu cérebro.

– Adam, nove anos

Eu consegui ver todas as imagens; só não consegui sentir o veludo. Atravessamos uma porta do tempo para o céu, e havia passeios por todos os lados.

– Jenny, sete anos

Me vi no espaço exterior na nuvem e voltei no tempo até antes de a terra existir – até a época em que todo o universo era apenas um grão de poeira. E, quando saí para o espaço, voei de um lado para outro com uma mochila espacial nas costas. Ao voltar à sala de aula, avancei no tempo, começando com o grão de poeira, depois vi partículas da terra, e depois vi dinossauros na terra e depois cidades. A coisa era realmente nítida, e então voltei para cá.

– Brooke, oito anos

Eu estou flutuando num cérebro. Vejo um carro de corrida e um morango. Vejo números e letras. Depois minha nuvem particular me levanta e me leva para a fazenda de criação de animais e eu sou a única pessoa ali, além da alimentadora. E ela diz que ninguém a visita para ver os animais, por isso eu podia levar para casa e cuidar de um animal de estimação se tratasse dele e desse a comida adequada. Assim, levei para casa o filhote de elefante e dei comida e tratei bem dele.

HEATHER

OBSERVAÇÃO AOS PAIS E AOS PROFESSORES

Feito o Exercício 4, discuta com seus filhos ou alunos o vínculo entre a memória e os sentidos. Eles se lembram das tábuas de multiplicação ou da grafia das palavras pelo sabor, gosto, cor ou movimento? Algumas pessoas, para grande surpresa sua, constatam que podem ''ver'' uma página inteira que estavam estudando se sentirem o aroma das flores que estavam ao seu lado enquanto estudavam. Ou então uma complexa fórmula matemática pode ser relembrada pela sua textura ''espinhosa''! Divirta-se com as associações.

EXERCÍCIO 4

Cruzamento dos sentidos

IDADE: de 7 anos à idade adulta
EXERCÍCIO: 5 – 10 minutos
CONTINUAÇÃO: 10 – 15 minutos

Deite-se ou sente-se numa posição que possa ser mantida durante algum tempo. Feche os olhos e concentre a atenção na respiração. Inspire... e expire... inspire... e expire... Ao mesmo tempo, o seu corpo se torna cada vez mais relaxado. Agora você ouvirá um pouco de música ("A Primavera", das *Quatro Estações*, de Vivaldi). Ouça a música com os dedos dos pés, inspirando-a efetivamente através deles. Agora você inspira a música através da ponta dos dedos da mão. Sinta a música com os olhos, o nariz, a boca... e sinta-a agora com cada fio de cabelo do corpo. (*Pausa de 1 minuto*)

Em seguida, você começa a sentir o sabor da música, suave e delicada, na sua língua. Sente o cheio da música, e diante de você se desdobram as belas cores e imagens dessa música. (*Pausa*)

Você se sente esquiando por uma encosta extensa e nevada em direção à música, e percebe o som da neve. (*Pausa*)

Imagine-se dançando ao som de um macio pano de veludo azul, e sinta o cheio de um cubo de gelo. Experimente o gosto de uma margarida e enxergue a áspera textura de uma lixa. Graciosamente, você atravessa a geléia de morango e caminha na ponta dos pés pelo mel. Ouve um cremoso *marshmallow* assado e sente o sabor da nota mais baixa da tuba. Sente o som do riso das crianças e ouve o toque do pêlo de um gatinho. Sente o gosto da sua diversão favorita na infância e durante um minuto, contado no relógio, tem todo o tempo de que necessita para provar o gosto e o cheiro, ver, ouvir e movimentar-se por uma das situações que você mais aprecia na vida. Comece.

(*Passado um minuto*) Agora é o momento de retornar à plena consciência desperta. Torne-se bem consciente do seu corpo, enquanto eu conto de um a dez. Junte-se a mim contando em voz alta quando eu chegar a seis, e abra os olhos no dez. Você se sentirá alerta e mais consciente dos seus sentidos. Um... dois... três... quatro... cinco... seis... sete... oito... nove... dez.

Reações ao cruzamento dos sentidos

Quando você disse para sentir a música com os dedos dos pés, senti formigamentos e frio. Parecia que havia uns homenzinhos dançando no meu peito. Quando eu a senti com a ponta dos dedos, ela se tornou cada vez mais lisa. Tinha gosto de manteiga de cacau e cheiro de goma de mascar.

– Devin, oito anos

Não tinha gosto de nada, mas cheirava como pequenas notas flutuando no ar. A textura era áspera.

– Shelly, nove anos

Tinha gosto de sorvete de chocolate e cheirava como uma rosa. Parecia que eu estava andando de bicicleta e correndo ao mesmo tempo.

– Jay, oito anos

Eu ouvi a música e realmente não pude fazer todas as coisas que você pediu que fizéssemos.

– Derek, oito anos

É importante reconhecer que o último comentário é uma reação comum quando se trabalha pela primeira vez com as imagens mentais dirigidas. Muitas crianças dizem, inicialmente, que não "vêem" nada. Minha resposta costumeira é perguntar-lhes como se sentem durante o exercício. É possível que se digam "relaxados" ou "tranqüilos", e digo-lhes que isso é suficiente. Eles não têm que ver, ouvir, sentir o gosto ou o cheiro ou tocar as imagens, mas estas podem se tornar mais vívidas à medida que praticam estes exercícios. O "músculo" que move as imagens mentais é exatamente como qualquer outro músculo: tem que ser exercitado para trabalhar!

OBSERVAÇÃO AOS PAIS

O Exercício 5 pode ser precedido por uma discussão sobre os cinco sentidos e sobre como os utilizamos todos os dias. Cada compartimento de percepção pode ser encarado como um único exercício completo; é possível também passar por todos os compartimentos de percepção numa única seqüência. Se estiver trabalhando com uma criança em idade pré-escolar, faça um compartimento de percepção de cada vez. Depois deste exercício de imagens mentais, proceda a uma discussão da experiência de seu filho ou sugira que ele desenhe, escreva ou representa as suas imagens.

OBSERVAÇÃO AOS PROFESSORES

Em virtude da extensão deste exercício, você pode desejar limpar um compartimento de percepção por dia. Este é um exercício excelente para ser feito antes de um trabalho de poesia, especialmente se se enfatiza a descrição sensorial. O compartimento do sexto sentido geralmente provoca um bom debate sobre experiências de *déjà vu*. Este exercício é um instrumento eficaz para estimular a redação criativa em alunos de doze a dezoito anos.

EXERCÍCIO 5

A casa da percepção

IDADE: de 3 anos à idade adulta
EXERCÍCIO: 5 – 15 minutos
CONTINUAÇÃO: 10 – 30 minutos

Neste exercício, imagine-se entrando no ''quarto'' de cada sentido – visão, audição, olfato, paladar e tato – e removendo todas as teias de aranha que, em cada cômodo imaginário, possam estar impedindo você de perceber claramente cada sentido.[3]

Feche os olhos e acompanhe a inspiração... e a expiração... em suas narinas. Deixe que o corpo fique bem relaxado e tranqüilo, enquanto inspira... e expira. Imagine agora que está descendo uma rua e vê uma casa muito interessante: é a casa da percepção, a casa dos seus sentidos. Ao entrar, você vê que há muitos quartos com símbolos nas portas.

O primeiro quarto a que chega tem um grande olho na porta. Você abre a porta e percebe que este é o quarto da visão. Ele está cheio de lixo, o entulho que você pôs ali durante anos para impedi-lo de ver tão claramente quanto pode. Em imaginação, veja todo o lixo e as teias de aranha do quarto, e comece a limpar o quarto da visão com detergentes, vassoura, aspirador de pó e tudo mais de que precise. Se desejar, faça com o corpo os movimentos de limpeza, sabendo que ao fazê-lo estará melhorando a sua visão. (*Pausa de 1 minuto*)

Quando terminar, jogue fora todo o lixo, abra as janelas e deixe o quarto se encher de ar fresco. Veja-o claro e brilhando. Olhe pela janela e enxergue o panorama lá fora, observando todas as cores. (*Pausa de 30 segundos*)

Agora é hora de deixar o quarto da visão.

Neste instante, você pode sugerir que as suas crianças vão em direção ao quarto da audição, ou que lentamente abram os olhos e percebam as cores em torno delas. Sugira que escrevam, pintem ou falem sobre o que sentiram no quarto da visão.

Vá agora em direção ao quarto da audição. Na porta dele há uma grande orelha. Ao abrir a porta, você ouve o desagradável barulho de sons discordantes. O quarto está cheio de sujeira. Há uma porção de lã nas paredes e uma espessa camada de cera por toda parte. Limpe o quarto da audição, tornando-o tão asseado quanto puder, sabendo que está melhorando a qualidade de sua audição. (*Pausa*)

Ao terminar essa limpeza, abra as janelas e deixe circular pelo quarto um pouco de ar fresco. Ouça o ruído que ele faz. Escute a brisa que sussurra atrás de você. (*Pausa*)

Ouça agora atentamente todos os sons ao seu redor. (*Pausa de 30 segundos*). Ouça a sua respiração. (*Pausa*) E agora é a hora de deixar o quarto da audição.

Vá para o quarto do olfato. Você conhece este quarto porque há um grande nariz na porta. Ao abrir a porta, você sente o cheio de uma combinação de odores terríveis, inclusive de comida estragada. Comece a limpar o quarto do olfato, lavando todos os cantos e fendas dele. Mais uma vez, você pode, se quiser, realizar os movimentos de limpar e esfregar. (*Pausa de um minuto*)

Torne-o alegre, limpo e cheiroso. Ao fazê-lo, você começa a sentir o cheiro de todos os seus aromas prediletos. (*Pausa*) Agora deleite-se com este quarto, aspirando profundamente a sua fragrância. (*Pausa de 30 segundos*) Agora é hora de deixar o quarto do olfato.

Vá agora em direção ao quarto do paladar. Este tem uma grande língua na porta. O quarto está em completa desordem. Todos os alimentos estão misturados, e você começa a sentir o sabor das comidas que menos aprecia: fígado, espinafre, couve-de-bruxelas. Quando limpar o quarto do paladar, certifique-se de separar todos os diferentes sabores, apartando a pasta de amendoim da pizza, as maçãs das laranjas. (*Pausa de 30 segundos*)

Agora que limpou e arrumou o quarto do paladar, você começa a sentir o gosto das suas comidas favoritas. (*Pausa de 1 minuto*) É hora de deixar o quarto do paladar.

Vá agora para o quarto do tato, que tem uma grande mão na porta. Limpe-o bem minuciosamente, jogando fora todo o lixo que o impede de sentir texturas. (*Pausa*)

Quando tiver terminado a limpeza, ande de um lado para outro do quarto e toque demoradamente as paredes. Esfregue as mãos no papel de parede, que é uma mescla de veludo, de seda, de lixa, de cetim, de gelo e de casca de árvore, e observe como tudo parece gostoso à sua pele. (*Pausa de 30 segundos*)

Comece então a esfregar fisicamente as mãos em suas roupas, prestando atenção à textura delas e, em seguida, delicadamente, sinta o seu rosto e o seu cabelo. (*Pausa*) Observe como se sente muito bem. (*Pausa*)

Deixe agora o quarto do tato. Quando abrir os olhos, pode, se quiser, tocar as superfícies em torno de você.

Há mais um quarto para limpar: é o sótão. Você sobe por uma velha escada em espiral para chegar lá. Ele está cheio de teias de aranhas e de morcegos. É o quarto do sexto sentido... o quarto da percepção extra-sensorial... o quarto da visão interior. E ele está muito empoeirado, porque, durante um longo tempo, não foi usado. Você começa a limpar o quarto do sexto sentido e nota uma janela circular no final dele. Está tão suja que você não consegue ver através dela. Começa a esfregá-la e a lavá-la e, ao fazer isso, diante de você se mostra uma bela paisagem. (*Pausa de 1 minuto*)

À medida que você continua olhando para fora dessa janela circular, percebe todas as cores, sons, cheiros, sabores e texturas da paisagem. (*Pausa de 30 segundos*)

É hora de deixar o quarto do sexto sentido. Você fecha a porta, desce a escada em espiral... passa pelos quartos dos cinco sentidos e deixa todos os materiais de limpeza no armário do corredor. Sai da casa da percepção e se encontra sentado aqui. À medida que abre vagarosamente os olhos, vai percebendo em torno de você todas as cores, sons, cheiros e texturas.

Reações ao exercício da "casa da percepção"

Quarto da visão

O meu quarto da visão era como um triângulo, e todas as teias de aranha estavam nos cantos. Quando abri os olhos, as cores eram indistintas, porque as luzes estavam apagadas. Mas quando elas se acenderam, as cores se projetaram na minha direção. Os livros estavam no chão, e nele havia peças de quebra-cabeça. Limpei as janelas e, ao olhar para o quarto, ele estava brilhando. Quando juntei as peças de quebra-cabeça, elas formaram dois olhos; eram os meus e estavam brilhando.

– *Carlos*

Quarto da audição

Minha porta era como uma orelha. Dentro havia sons estridentes e ganidos. Limpei toda a cera. Meu ouvido começou a doer, porque eu estava esfregando com muita força.

– Chris

Quarto do olfato

Depois de limpar o quarto do sentido do olfato, senti cheiro de rosas e de galinha assada. Eu sentia o cheiro, ou era como se o meu nariz estivesse cheirando algo peludo, como se meu gato estivesse roçando o meu nariz.

– Carlos

Quarto do tato

Foi difícil para mim, mas depois vi duas mãos que se abriam e entrei e senti texturas macias.

– David

Quarto do paladar

No início ele era horrível, cheio de mofo e de comidas de que não gosto, mas depois limpei-o e senti o gosto de pizza e coca-cola.

– Devin

Quarto do sexto sentido

Comecei a limpar a janela do sexto sentido a partir do centro, e era como se desenhasse a mandala. Quando olhei para fora da janela, vi o mar e, na crista das ondas, um completo ramalhete de flores.

– Janine

5

Aprendizagem verbal versus *aprendizagem não-verbal*

⊗ ⊗ ⊗ ⊗ ⊗ ⊗ ⊗

Alunos visuais e alunos cinestésicos

As técnicas educacionais correntes negam a muitas crianças a oportunidade de usar seu pleno potencial de aprendizagem. A redução do orçamento referente à educação artística e física não apenas exclui o aprimoramento complementar das turmas, como chega realmente a suprimir aulas que ajudam os alunos visuais e cinestésicos a aprender. Nosso sistema atual está aparelhado para a aprendizagem verbal; se os seus filhos são alunos não-verbais, eles não se adaptam ao sistema. A maioria dos métodos de exame limita-se a um formato linear, seqüencial, voltado para o conteúdo verbal. Os alunos visuais ou cinestésicos muitas vezes são rotulados de "alunos atrasados".

Carlos era um desses alunos. Era um garboso menino de oito anos, com cabelos castanhos escuros, belos olhos castanhos aveludados e um sorriso encabulado. Vinha de uma família bilíngüe, que punha ênfase no bom desempenho escolar. Ele era, no entanto, um sonhador, que vivia envolvido no seu fantástico mundo de aventuras submarinas e viagens espaciais. Raramente falava em aula e jamais nas discussões em grupo.

O maior interesse de Carlos era a arte; enquanto eu ensinava à turma encontros vocálicos e uso das maiúsculas, ele desenhava complexas naves espaciais e veículos submarinos. Durante um trabalho de redação ou de cálculo, ele ficava olhando fixamente para o alto, por alguns minutos, e depois traçava meticulosamente as letras e números. Custava-lhe uma eternidade redigir uma frase ou terminar uma série de problemas de matemática; raramente concluía um trabalho no tempo estabelecido.

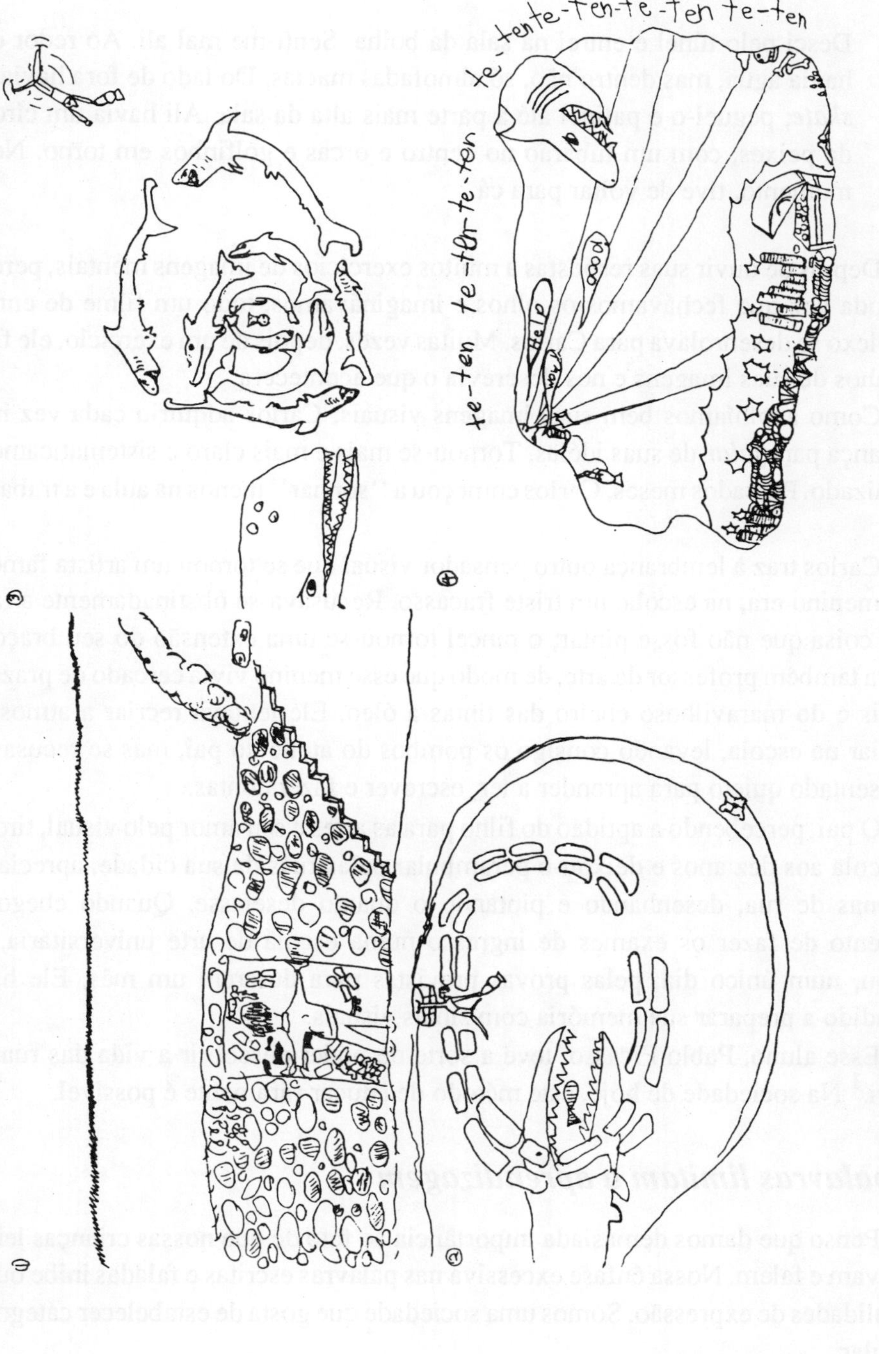

SIDDHARTHA

Dois meses depois do início das aulas, comecei a notar que, num exercício de imagens mentais, Carlos era dos primeiros a fechar os olhos, e que expressava com palavras, cheio de entusiasmo, suas imagens. Embevecidas, eu e as crianças o ouvíamos contar o que "viu" durante o exercício da "Aventura Submarina":

> Desci pelo túnel e entrei na sala da bolha. Senti-me mal ali. Ao redor dela havia água, mas dentro não, só almofadas macias. Do lado de fora havia um *skate*; peguei-o e patinei até a parte mais alta da sala. Ali havia um círculo de peixes, com um tubarão no centro e orcas e golfinhos em torno. Nesse momento, tive de voltar para cá.

Depois de ouvir suas respostas a muitos exercícios de imagens mentais, percebi que toda vez que fechávamos os olhos e imaginávamos, todo um filme de enredo complexo se desenrolava para Carlos. Muitas vezes, depois de um exercício, ele fazia desenhos de suas imagens e nos descrevia o que acontecera.

Como acolhíamos bem suas imagens visuais, Carlos adquiriu cada vez mais confiança para *falar* de suas idéias. Tornou-se mais e mais claro e sistematicamente organizado. Passados meses, Carlos começou a "sonhar" menos na aula e a trabalhar mais.

Carlos traz à lembrança outro pensador visual que se tornou um artista famoso. Esse menino era, na escola, um triste fracasso. Recusava-se obstinadamente a fazer outra coisa que não fosse pintar; o pincel tornou-se uma extensão do seu braço. O pai era também professor de arte, de modo que esse menino vivia cercado de prazeres visuais e do maravilhoso cheiro das tintas a óleo. Ele tentava recriar a atmosfera familiar na escola, levando consigo os pombos do ateliê do pai, mas se recusava a ficar sentado quieto para aprender a ler, escrever e fazer contas.

O pai, percebendo a aptidão do filho para as artes e seu amor pelo visual, tirou-o da escola aos dez anos e deixou-o perambular pelas ruas da sua cidade, apreciando as cenas de rua, desenhando e pintando o quanto desejasse. Quando chegou o momento de fazer os exames de ingresso numa escola de arte universitária, ele passou, num único dia, pelas provas previstas para durarem um mês. Ele havia aprendido a preparar sua memória com sinais visuais.

Esse aluno, Pablo Picasso, teve a sorte de poder descobrir a vida das ruas de Madri.[1] Na sociedade de hoje, este método de educar raramente é possível.

As palavras limitam a aprendizagem

Penso que damos demasiada importância ao fato de que nossas crianças leiam, escrevam e falem. Nossa ênfase excessiva nas palavras escritas e faladas inibe outras modalidades de expressão. Somos uma sociedade que gosta de estabelecer categorias e rotular.

Ao empurrar meu carrinho de um lado para outro nos corredores do supermercado local, fico espantada diante do modo como pais e mães de todos os níveis culturais insistem que seus filhos digam os nomes dos produtos alimentícios. "Que é isto?", pergunta o pai. "Sopa." "Está certo, uma lata de sopa. E isto, o que é?" "Pêssego." "Certo, é pêssego."

O que não escuto é: "Pegue isto. Sinta a forma, o peso, a superfície. Ponha em contato com o seu rosto. Sinta o cheiro. Observe todas as cores."

Por que restringimos o saber de nossos filhos a um simples rótulo monossilábico que representa um objeto que tem cheiro, textura, forma, gosto, e é um prazer visual? Que tal o som de um pêssego? Ele pode evocar uma canção de ninar.

Algumas crianças recebem tanta atenção por serem "engraçadinhas" falando que não sabem como parar. Crêem que, se não estiverem falando continuamente, podem não ser amadas ou aceitas.

Hillary era uma dessas crianças. Ela desenvolvera muito a destreza oral e memória verbal. Gostava de contar estórias relacionadas com as suas viagens a Jerusalém e à Europa, e sua memória referente à vida e aos costumes dos habitantes desses lugares era espantosa. Pequena e entusiasta, recebera muita atenção dos adultos durante anos por ser uma criança linda, precoce e capaz de se expressar com clareza.

Entretanto, às vezes era um pouquinho arrogante. Enfrentava dificuldades com os amigos porque era exageradamente dogmática em relação a tudo. "Jill, você deve fazer isto assim", "Maureen, você pronunciou isso errado", "Você não é muito bom desenhando, não é, Max?" Como a ladainha prosseguia, não é surpresa que algumas crianças perdessem a paciência com ela e acabassem por mandá-la fechar a boca.

Um dia, ouvindo Hillary expressar suas idéias depois de um exercício de imagens mentais, notei como se *movimentava* enquanto falava. Suas mãos e braços faziam gestos, sua cabeça pendia, os olhos brilhavam. Seu rosto assumia uma expressão viva. Todo o seu corpo estava empenhado em descrever uma imagem. Dava a impressão de estar representando um balé de suas idéias.

Ocorreu-me, enquanto observava seus movimentos, que ela podia ser uma aluna cinestésica que tivera pouca chance de expressar essa faceta de si mesma. Perguntei-lhe se preferia dançar suas imagens em vez de falar delas. Depois de alguma relutância inicial, ela se levantou e começou a balançar para trás e para a frente, imitando os ramos de um salgueiro dançando suavemente numa brisa amena de verão. Lentamente ergueu os braços, lançou um derradeiro olhar para mim, para estar segura, e se movimentou suavemente pela sala como a amena brisa em que se transformara. Esses movimentos diziam muito mais sobre ela do que todas as suas palavras juntas.

Ficamos todos completamente surpresos e fascinados. Hillary estava extasiada! Descobrira outra maneira de se expressar – um modo que a limitação imposta pela sua constante tagarelice lhe negara.

Há riscos quando tentamos uma nova forma de expressão; mas os benefícios excedem os riscos. Uma nova forma de expressão abre o caminho a outra. Depois de *dar movimento* às suas imagens, Hillary se sentiu mais confiante para tentar a arte e a poesia.

Durante um exercício de poesia, na semana seguinte, sugeri que ela "pusesse em movimento" suas idéias antes de colocá-las no papel. Ela passeou em volta da sala de aulas, parou, sentou-se no chão e movimentou os braços como se estivesse arrumando algo. Depois escreveu:

Quando você se deita no chão
Olhando para as nuvens
Também acompanha o vento soprando-as
Por toda a parte.

Se uma criança puder, antes de tudo o mais, desenhar, cantarolar ou dançar uma imagem, terá depois mais facilidade para falar ou escrever sobre ela. Tente com o seu filho. Ficará encantado com os resultados.

EXERCÍCIO 6

Uma aventura submarina

IDADE: de 5 anos à idade adulta
EXERCÍCIO: 5 minutos
CONTINUAÇÃO: 15 minutos

Feche os olhos e concentre a atenção na respiração. (*Pausa*) Imagine agora que você está indo para a praia. É um belo dia de sol e você se deleita com o barulho das ondas. (*Pausa*) Caminhando ao longo da praia, você vê um alçapão na areia. Levanta-o e há uma escada de pedra que conduz para baixo da areia. Você desce a escada, sentindo-se inteiramente seguro, e se vê num túnel comprido. Atravessa-o até chegar a uma sala no fim do túnel. Penetra na sala, que se assemelha a uma bolha de vidro. Percebe que está numa sala de vidro submarina. Lá fora nadam belos peixes coloridos. Você constata que há um submarino e um traje de mergulho na sala para o caso de você resolver se aventurar dentro do mar. Há também uma cadeira almofadada no meio da sala, caso queira sentar-se. Você tem agora um minuto contado no relógio, tempo suficiente para desfrutar todas as maravilhas do mar.

(*Passado 1 minuto*) Chegou a hora de voltar. (*Pausa*) Você caminha de volta pelo túnel, sobe a escada na direção da luz do sol. Fecha o alçapão, sabendo que pode voltar ali sempre que desejar. Sai da praia e dá-se conta de que está sentado aqui, completamente presente.

Vou contar até dez. Quando chegar a seis, junte-se a mim, abrindo os olhos em dez, sentindo-se totalmente alerta e com plena lembrança de sua aventura. Um... dois... três... quatro... cinco... seis... sete... oito... nove... dez.

OBSERVAÇÃO AOS PAIS E AOS PROFESSORES

Expliquem às crianças que, no Exercício 7, elas explorarão um lugar no tempo e no espaço que jamais visitaram antes. Elas podem recuar ou avançar no tempo e agir como jornalistas que chegaram para aprender o máximo possível sobre este lugar desconhecido. Quando retornarem de suas explorações, elas deverão escrever uma reportagem sobre o que observaram. Peça a elas que prestem atenção a todas as cores, sons, cheiros, sabores e sensações que experimentarem nesta viagem.

ADAM

EXERCÍCIO 7

Viajando no tempo

IDADE: de 8 anos à idade adulta
EXERCÍCIO: 5 – 10 minutos
CONTINUAÇÃO: 15 minutos

Feche os olhos e procure na cadeira uma posição bem cômoda, que você possa manter por alguns minutos. Acompanhe a inspiração e a expiração em suas narinas. Enquanto estiver fazendo isso, notará que está se tornando muito relaxado, mas alerta. Desprenda-se agora de todos os pensamentos ou expectativas que possa ter e permita que sua imaginação vagueie livremente.

Imagine agora que você sai dessa sala e depara com uma máquina do tempo. Circule em torno da máquina, observando-lhe a forma e os controles. Entre nela e regule os controles para uma outra época da história, quer no passado longínquo, quer no futuro remoto. Ajustando os controles para visitar a época histórica que escolheu, você sente que está sendo erguido e transportado suave e velozmente para a época escolhida. Ao se movimentar, a luz parece mover-se ao seu redor. Ao aterrissar, você começa a explorar essa nova terra. Observe o meio ambiente, as formas de vida. Se houver criaturas nesse mundo, tente comunicar-se com elas e indague sobre a sua cultura, a sua vida familiar, o que comem, como vivem. Se tiverem música, poderá trazer uma canção do mundo delas. Observe a sua arte. É possível que você queira encontrar uma pessoa ou criatura em especial e passar algum tempo com ela. Agora você tem alguns minutos contados no relógio para realizar as suas explorações no mundo em que está neste momento, e este é todo o tempo de que precisa, porque pode vivenciar dias, semanas, meses ou mesmo anos antes que saia dali.

(*Passados 2 a 3 minutos*) Chegou a hora de deixar esse mundo e entrar de novo na máquina do tempo. Você talvez queira dizer às criaturas com quem fez amizade que voltará outra vez. Ajuste a máquina do tempo para o presente e volte em segurança para esta sala. Quando abrir os olhos, se lembrará pormenorizadamente de tudo que viu e sentiu, e será capaz de escrever toda uma reportagem sobre as suas viagens.

Enquanto conto até dez, junte-se a mim quando eu chegar ao seis e, quando abrir os olhos, estará alerta e terá total lembrança da viagem. Um... dois... três... quatro... cinco... seis... sete... oito... nove... dez.

Este exercício pode ser repetido uma vez por mês para que as crianças tenham a oportunidade de aprender mais sobre os sistemas de vida dos mundos que visitaram. Ele fornece abundante material para o estudo das estruturas familiares, sistemas de transporte, alimentação, meio ambiente e comunicação. Este exercício, embora aplicável especialmente a alunos das escolas secundárias, pode ser usado também com crianças mais novas.

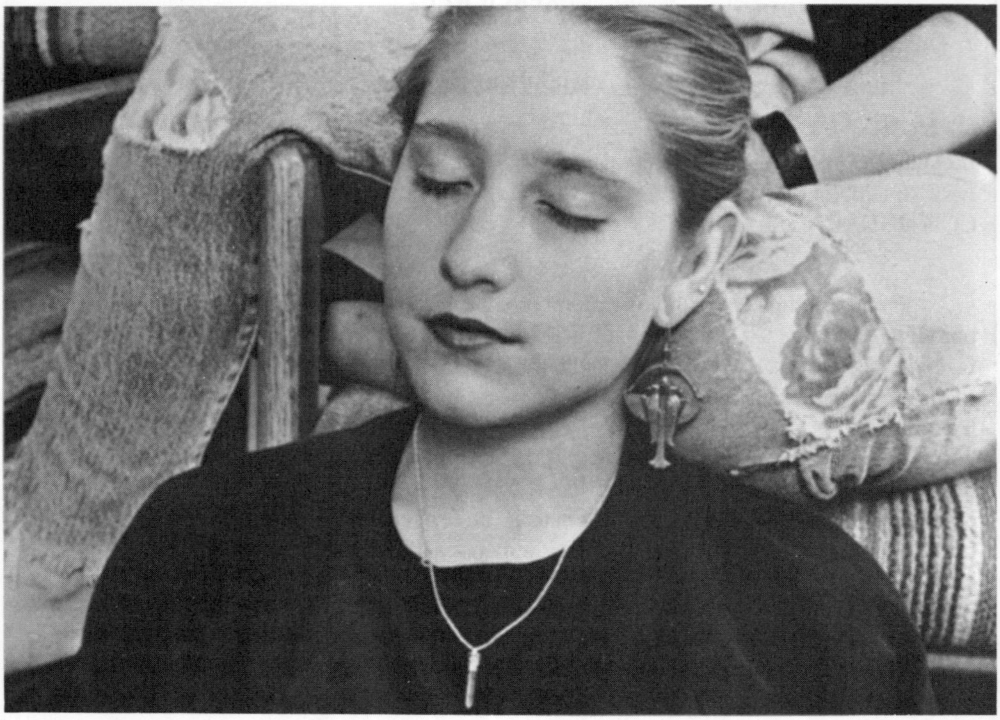

Reações a "viajando no tempo"

Minha viagem ao passado

Eu estava no quintal de casa, brincando no balanço. Ouvi então um grande estrondo, saltei do balanço e fui ver. Chegando lá, vi uma bola redonda. Procurei por toda a volta uma porta e não encontrei nenhuma. Mas, depois de dar umas cem voltas, achei uma.

Abri-a e dentro havia um reluzente assento cor de laranja. Diante dele estava um computador, com botões em todas as partes. Num dos botões estava escrito "para trás", e, em outro, "para a frente". Havia também outros botões que diziam "ande" e "pare".

Decidi que faria um passeio com a pequena bola redonda. Descobri então o que significava "para trás" e "para a frente". "Para trás" queria dizer recuar no tempo, e "para a frente", avançar no tempo.

Arranjei algo para comer. Depois entrei na nave espacial esférica e apertei o botão "ande". Assim que fiz isso, ela começou a se movimentar. Ela se movimentava muito rápido. Olhei pela janela e vi as nuvens. Eu estava subindo para o céu.

Depois aterrissei num lugar do passado. Vi senhoras com belas roupas. Os homens usavam ternos pretos e cartolas. Olhei por toda a parte. Era um bonito lugar. Vi escolas à moda antiga. Os alunos estavam escrevendo da melhor maneira, porque não queriam apanhar do mestre. Todo o mundo corria de um lado para outro. Vi então uma menina. Ela me falou um pouco do lugar.

Depois tive de voltar e me despedi de todas as pessoas. Entrei na nave espacial, apertei o botão ''ande'' e saí voando com ela. Em poucos segundos estava de volta à turma em St. Augustine. Gostei um bocado desse passeio.

– Laura, oito anos

A máquina do tempo

Minha viagem foi ao futuro. Minha máquina do tempo era grande e tinha a forma de um ovo. Era branca e azul-claro. Na minha viagem vi muitas coisas. Todas as pessoas, por exemplo, estavam nuas. Elas não dirigiam carros, mas voavam pela cidade com uma espécie de foguete nas costas. O ar era tão poluído que se podia ver todos os peixes e plantas mortos na praia. Os rios e lagos estavam poluídos com o lixo e os produtos químicos de campistas

descuidados e das empresas. Todos os golfinhos e baleias estavam encalhados ao longo da praia. Os pássaros que costumavam nadar sobre o oceano não podiam mais fazê-lo, porque houve derramamento de óleo e este grudava em suas penas, tornando difícil o vôo. Muitos peixes e outros organismos vivos morriam por falta de oxigênio. Fui subindo para longe da poluição, onde não havia edifícios, nada em volta de mim. Apenas ar fresco.

– Alicia, dezesseis anos

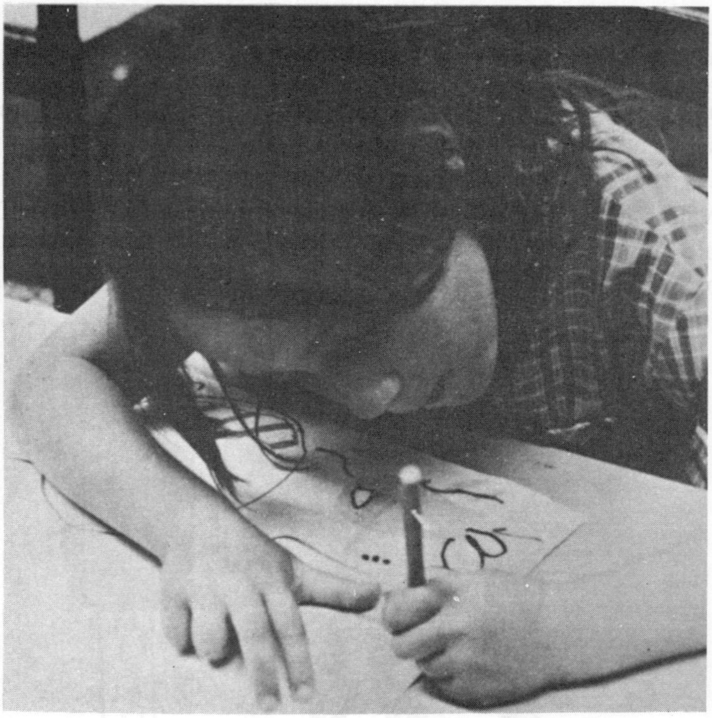

OBSERVAÇÃO AOS PAIS E AOS PROFESSORES

O Exercício 8 pode ser usado em combinação com uma aula de geografia ou de estudos sociais para ajudar seu filho ou alunos a imaginar a vida de outras culturas e países (por exemplo: América Latina, Egito antigo, África). Os pais acham este exercício de grande ajuda quando estão se preparando para uma viagem ao exterior. É divertido para as crianças imaginar como é um país e seu povo, e depois fazer a visita e comprovar a exatidão do que imaginaram.

EXERCÍCIO 8

Antropologia cultural

IDADE: de 8 anos à idade adulta
EXERCÍCIO: 5 – 10 minutos
CONTINUAÇÃO: 15 minutos

Feche os olhos e comece a concentrar a atenção na respiração. Dê a si mesmo a sugestão de que a cada expiração seu corpo fica cada vez mais relaxado. (*Pausa*) Imagine que seu corpo está ficando circular, que você está assumindo a forma de uma bola, de uma esfera ou de um globo. Perceba agora que essa esfera está se movendo e que, de fato, você está se movimentando a uma velocidade muito grande pelas imensas distâncias do espaço, deslocando-se continuamente até ver-se gradativamente diminuindo de velocidade e chegando a uma parada. Seu corpo está readquirindo a forma normal, e você olha em torno para descobrir aonde chegou. Está num país estranho, num mundo novo, e é muito interessante você explorá-lo.

Investigue esse mundo, suas formas de vida, seu meio ambiente. Se houver pessoas nessa terra, comunique-se com elas e descubra tudo o que puder sobre sua cultura, sua vida familiar, o que comem e como vivem. Se tiverem música, poderá trazer uma canção do mundo delas. Observe sua arte. Você tem agora alguns minutos contados no relógio, que é todo o tempo de que precisa para fazer suas explorações nesse país. É todo o tempo de que precisa porque pode viver aí dias, semanas, meses ou até mesmo anos antes que seja hora de deixá-lo. Comece. (*Pausa de 3 minutos*)

Agora é hora de voltar. Você lança um último olhar ao redor, observando as cores, formas, sons, cheiros e gostos. Depois você se vê movendo-se rapidamente de novo através do tempo e do espaço, na forma de uma bola, e suavemente desce aqui com seu corpo reassumindo a forma normal. (*Pausa*)

Num instante vou contar até dez. Junte-se a mim quando eu chegar ao seis, abrindo os olhos no dez, sentindo-se relaxado e alerta, pronto para desenhar ou escrever a respeito da visita que fez a uma outra cultura. Um... dois... três... quatro... cinco... seis... sete... oito... nove... dez.

Reação ao exercício "antropologia cultural"

Era manhã cedo e eu estava tentando convencer o rei e a rainha de que o mundo era redondo. Quando eu lhes disse isso, começaram a achar que eu era doido; chamaram os guardas e mandaram atirar-me fora.

Fiquei furioso que resolvi prová-lo, mas, antes, teria que encontrar uma tripulação e comprar alguns navios.

Esse, porém, não era o meu único problema; a maior dificuldade era que eu não tinha nenhum dinheiro. Assim, saí à cata de um emprego. Dias depois consegui, finalmente, um trabalho num bar. Não pagavam muito, mas já era alguma coisa.

Passaram-se dois anos e ganhei dinheiro suficiente para comprar cinco navios. Tudo que tinha a fazer era encontrar eu mesmo uma tripulação. Por sorte, eu tinha um amigo chamado Jack para me ajudar e em um mês içamos velas. Custou-me seis meses para tocar em terra. Desembarcamos na praia e lá havia gente. Não sabendo como se chamavam, dei-lhes o nome de índios. Levaram-me a seu acampamento e deram-me um pouco de comida seca, de que não gostei. Ficamos ali três meses e depois tivemos que regressar. Falamos ao rei sobre a nova terra e ele não acreditou em nós, de modo que ficamos com ela para nós mesmos.

– Bobby, doze anos

6

Desenvolvendo habilidades através das imagens mentais

⊗ ⊗ ⊗ ⊗ ⊗ ⊗ ⊗

Já notou como são ávidas as crianças pequenas em aprender a respeito de tudo? E como estão constantemente se movimentando enquanto fazem isso? Estejam pintando no cavalete, batendo massa de bolo ou montando blocos de madeira, todo o seu corpo está envolvido. E a aprendizagem ocorre durante essa movimentação.

Ao ficarem mais velhas, elas utilizam cada vez menos o corpo enquanto estão ocupadas em aprender. A maior parte do dia escolar consiste em sentar, ouvir e escrever. Pense agora em quanta energia cerebral elas desperdiçam não movimentando o corpo. Esse potencial mental pode ser recuperado mediante o uso das imagens mentais.

Nosso corpo físico é sensível às imagens mentais. Quando "representamos a imagem" de determinado movimento, nosso cérebro transmite este conhecimento aos músculos do nosso corpo. Os atletas utilizam esta técnica para desenvolver conscientemente suas habilidades. Arnold Schwarzenegger, cinco vezes Mister Universo e quatro vezes Mister Olímpia, diz que o levantamento de peso é um exercício da "mente sobre a matéria". "Se a mente é capaz de imaginar o fato de podermos fazer algo, nós podemos. Eu me visualizo já tendo alcançado o objetivo. A execução é meramente o prolongamento físico, um lembrete da visão em que estamos concentrados."[1]

As crianças se servem desta forma de prática mental nos exercícios físicos sem sequer pensar nisso. Perguntei a milhares de crianças como se preparavam mentalmente para um evento esportivo. Eis algumas de suas respostas:

Ah, vejo-me no lugar de bater a falta e sinto a textura da bola de basquete nas mãos. Depois sinto meu corpo preparado para arremessá-la e vejo a bola indo para a cesta depois de soltá-la dos dedos.

Passo muitas vezes um tempo na cama, na noite anterior a um torneio, e imagino-me realizando toda a seqüência de exercícios de ginástica. Dessa maneira consigo ver onde eu poderia cometer erros e como posso melhorar.

Sinto-me praticamente dando braçadas na água antes de nadar. Sempre sonho acordado com isso antes de uma competição. E sempre sei que vou vencer.

Quando lhes pergunto se essas imagens mentais ajudam, eles sempre respondem que sim. Se lhes pergunto se algum dia alguém ensinou como usar essas imagens mentais, a resposta é sempre não. ''Ah, não falo a ninguém sobre isso; podem pensar que sou maluco.''

Essas crianças usam o ensaio mental naturalmente, enquanto os treinadores profissionais hoje têm que *ensinar* a seus atletas as artes da visualização e das imagens mentais. O professor Richard Suinn, Chefe do Departamento de Psicologia

TODD

da Universidade do Estado do Colorado, "faz os seus esquiadores olímpicos treinarem imaginando as corridas de esqui e corrigindo mentalmente os erros cometidos na execução física".[2]

Depois de tratar do progresso obtido nos esportes com as imagens mentais, minha pergunta seguinte aos alunos é como poderiam utilizar este tipo de exercício mental para melhorar o trabalho escolar. Eis algumas de suas respostas:

> Ah, creio que poderia imaginar-me melhorando a minha matemática ou sendo bem-sucedido numa prova.

> Eu poderia gravar a grafia das palavras mentalmente, tentando, ao mesmo tempo, memorizá-las. Poderia ver-me tirando todas as notas máximas.

Fui uma vez professora particular de uma menina de oito anos, Elise, que tinha uma capacidade perceptiva visual muito precária. Ela não era uma aluna auditivo-visual e não era capaz de se lembrar da grafia de uma palavra quando a via ou ouvia. Usei imagens mentais cinestésicas (corporais) para ajudar Elise a se lembrar. Trabalhando com a palavra *sketch* [esboço], pedi-lhe primeiro que olhasse para a palavra escrita; em seguida, escreveu-a em letras grandes no ar com a mão, enquanto corretamente dizia as letras e a própria palavra. Depois fechou os olhos e imaginou-se escrevendo a palavra perfeitamente no ar. Repetiu então tanto a escrita exata da palavra no ar como a imagem mental da mesma.

Pedi-lhe então que se imaginasse *sketching* [esboçando] seu desenho favorito. Ela o fez e depois escreveu no papel corretamente a palavra *sketch*. Elise se lembrou da grafia e do significado da palavra, porque esta lembrança agora estava localizada no seu cérebro *e* no seu corpo. E, mediante a repetição do exercício, a lembrança persistiu.

Podemos nos servir das imagens mentais para desenvolver todas as habilidades: a atlética, a escolar e a artística. As crianças estão aprimorando suas habilidades musicais usando o ensaio mental para tocar um instrumento, seja piano, saxofone ou a voz. As crianças podem ver-se e ouvir-se tocando toda uma composição musical num minuto ou dois de tempo durante um exercício de imaginação, com os olhos fechados, e depois executar a peça com perfeição. Uma professora de piano me contou como usa as técnicas de relaxamento e visualização para ajudar seus alunos a "ouvir" uma peça antes de a tocarem com o fraseado e o ritmo corretos. Ela os faz se exercitarem mentalmente para que sintam os dedos se movendo fluentemente pelo teclado. Depois, eles tocam com sentimento e habilidade mais profundos, valorizando a forma da sua arte.

Jean Houston e Robert Masters, da Fundação para a Pesquisa da Mente, desenvolveram muitos exercícios "psicofísicos" para ajudar as pessoas a usar mais as suas habilidades físicas e mentais. Num exercício conhecido como "multitrilhas", a dra. Houston propõe que movamos muitas partes da mente e do corpo ao mesmo tempo, para exercitar todas as conexões do cérebro. O exercício seguinte é uma adaptação dessa proposta para crianças.

EXERCÍCIO 9

Esfregue a barriga, bata de leve na cabeça

IDADE: de 3 anos à idade adulta
TEMPO: 3 minutos

Este exercício é divertido e tonificante, e limpa as teias de aranha de mentes e corpos cansados. As crianças se surpreendem com as muitas coisas que podem fazer ao mesmo tempo. Um menino de nove anos me disse: "Descobri que posso fazer mais de uma coisa por vez; sempre pensei que tudo o que conseguia fazer era correr e gritar ao mesmo tempo!"

Comece ficando de pé com o seu peso igualmente equilibrado sobre ambos os pés. Agora respire profundamente e relaxe. Comece esfregando a barriga com a mão direita, sentindo tanto a mão como a barriga. Bata agora de leve na cabeça com a mão esquerda.... muito delicadamente, para cima e para baixo. Comece a bater o pé direito... e imagine que, no lado esquerdo do seu cérebro, você está lambendo um sorvete de chocolate. No lado direito, um macaco está andando de bicicleta. Comece agora a cantar *We all live in a yellow submarine* ["Nós todos vivemos num submarino amarelo..."]. Continue durante cerca de um minuto.

OBSERVAÇÃO AOS PAIS E AOS PROFESSORES

Vocês podem ampliar o Exercício 10, fazendo seu filho ou sua turma pensar numa capacidade que desejam desenvolver, tal como dar um passe no futebol, andar de patins ou escrever à máquina. Agora sugira que pratiquem essa habilidade fisicamente no lugar em que estão. Pare. Sugira agora que a pratiquem com o corpo imaginário ou cinestésico. Eles devem ver e sentir que estão praticando essa habilidade com perfeição sem se moverem realmente. Sugira agora que pratiquem de novo fisicamente. Pare. E de novo com o corpo imaginário. Pare. Uma vez mais execute a habilidade fisicamente. Pare e observe se houve algum progresso.

Depois de fazer este exercício, muitas crianças dizem que se julgavam quase capazes de executar determinada tarefa que jamais haviam tentado antes. Elas podem observar os erros que cometem, ou aprender que seu desempenho é melhor quando estão relaxadas. A confiança em nossa capacidade aumenta quando podemos nos imaginar executando-as com perfeição. O cérebro e o sistema nervoso central não sabem a diferença entre uma imagem profundamente gravada e um acontecimento real. Se pudermos imprimir profundamente uma imagem, ela será tão forte quanto a realização efetiva da ação.

Os exercícios do corpo cinestésico podem ser feitos com os olhos abertos ou fechados. Acho mais eficaz fechar os olhos; isso evita as distrações.

EXERCÍCIO 10

Use o seu corpo imaginário

IDADE: de 5 anos à idade adulta
TEMPO: 3 – 5 minutos

O objetivo deste exercício é mostrar às crianças quão rápida e eficazmente podem aumentar suas habilidades físicas através da preparação mental. Neste exercício, elas devem girar o corpo para a direita sem mover os pés para ver até onde podem fazê-lo antes e depois da preparação mental.[3]

Fique de pé, equilibrado sobre ambos os pés, e respire suavemente. Levante a mão direita na altura do olho e concentre a atenção no seu polegar. Com os pés imóveis, gire o braço para a direita, olhando para o polegar, e veja até onde o giro pode chegar. Não faça força. Marque agora um ponto imaginário na parede para onde se voltou, e traga o braço de volta à posição inicial.

Agora vamos repetir este exercício sem mover os braços, usando apenas os olhos. Sem levantar o braço, gire a cabeça de novo para a direita, orientando-a com os olhos, e marque um ponto imaginário na parede. Este ponto provavelmente estará mais afastado do que o primeiro que você marcou com o polegar. Retorne agora ao centro. Relaxe e respire profundamente.

Faremos agora este exercício com o corpo cinestésico. O corpo cinestésico é o nosso sentido muscular imaginado, ou corpo imaginário. Luke Skywalker, em *The Empire Strikes Back* [O Império Contra-ataca], aprendeu a usar as capacidades do corpo cinestésico descobrindo como usar a Força. Toda capacidade que praticamos com o corpo cinestésico é aprendida pelo corpo físico. Podemos até sentir nossos músculos se movimentando quando fazemos este exercício, mas não estaremos movendo conscientemente nosso corpo físico.

Agora feche os olhos e levante o braço direito cinestésico. Este não é o seu braço direito físico, mas o seu braço direito imaginário. Tome agora consciência do seu polegar direito imaginário e comece a girar o braço direito imaginário para a direita até onde puder. Você vai além do primeiro ponto que marcou, vai além do segundo, e marca um ponto na parede com seu polegar direito imaginário o mais distante possível. Agora traga devagar o seu corpo imaginário de volta à posição inicial e abaixe o seu braço imaginário. Abra os olhos.

Repetiremos agora este exercício com o braço direito físico. Respire profundamente e levante o braço direito físico na altura do olho, girando-o completamente para a direita. Vá até onde seja possível, sem esforço. Marque um ponto na parede. Traga agora o braço de volta à posição inicial e observe como se sente. Desta vez você o moveu mais longe do que no início do exercício? Você talvez queira repetir este exercício com o braço esquerdo.

Ocorre, provavelmente, pelo menos 30% de progresso depois da prática deste exercício. Os adultos e as crianças ficam igualmente surpresos com o poder das imagens mentais para melhorar uma habilidade.

EXERCÍCIO 11

Prática da habilidade com um Mestre Competente

IDADE: de 7 anos à idade adulta
EXERCÍCIO: 5 minutos
CONTINUAÇÃO: 15 minutos

Neste exercício usamos a imagem de um "Mestre Competente" para ajudar a melhorar uma habilidade específica.[4] *Comece por escolher uma habilidade que deseja melhorar ou aperfeiçoar. Pode ser o futebol, escrever, pintar, ou seja o que for que queira melhorar.*

Fique ereto, com o peso igualmente distribuído sobre os pés, e respire profundamente. Na imaginação, veja-se ocupado com a habilidade que escolheu para melhorar. Agora, durante um minuto, pratique-a com seu corpo físico, da melhor forma possível, no espaço em que está de pé.

(*Após um minuto*) Pratique-a agora, durante um minuto, com seu corpo cinestésico.

(*Após um minuto*) Sente-se agora numa posição confortável e feche os olhos. Concentre a atenção na sua respiração, acompanhando a inspiração... e a expiração... em suas narinas. À medida que continua respirando, percebe que vai ficando cada vez mais relaxado.

Imagine agora que está andando por um caminho dentro de uma densa floresta. Esta parece muito amistosa, de modo que você prossegue a caminhada até chegar a um estreito vale de árvores muito altas. Ao aproximar-se desse grupo de árvores, percebe que uma delas tem uma porta. Você abre a porta e entra num pequeno saguão, que o conduz a uma escada de pedra. Você começa a descer os degraus, desce... desce... desce... Finalmente, chega a uma sala repleta de incríveis invenções que você jamais vira antes. Você dá uma volta pela sala, espantado com tudo o que vê. Segue por outro corredor até dar numa sala que parece muito tranqüila e familiar. Ali você encontra o Mestre da sua habilidade, alguém que pode ensinar-lhe tudo o que você precisa saber. Esse Mestre pode se comunicar com você por palavras ou gestos; as duas coisas serão úteis para você. Você tem três minutos contados no relógio, que equivalem a todo o tempo de que necessita para aprender com o seu Mestre.

(*3 minutos depois*) Agora você se afasta do seu Mestre agradecendo-lhe e sabendo que poderá voltar sempre que quiser. Volte pelo corredor, passando pela sala das invenções extraordinárias, suba a escada e saia pela porta dentro da árvore. Você fecha a porta e retorna pela floresta. E então se vê sentado aqui. Quando estiver pronto, abra os olhos, levante-se e pratique a sua habilidade com o corpo físico. (*Pausa de 1 minuto*) Pare. Pratique sua habilidade com o corpo cinestésico. (*Pausa de 1 minuto*) Agora novamente com o corpo físico. (*Pausa de 1 minuto*) Em seguida, ao praticá-lo com o corpo cinestésico, veja se há mais o que aprender em relação à sua habilidade. Há alguma nova manobra que pode tentar? Se houver, tente fazê-la com o corpo cinestésico e depois fisicamente. Anote qualquer melhoria que tenha feito, e veja também como se sente com relação à sua capacidade.

Reações ao exercício do "Mestre Competente"

Algumas crianças disseram que recorreram a Pelé para melhorar os chutes no futebol, a Haydn para dar-lhes aulas de piano e a Mark Twain para pôr um pouco de humor no que escreviam. Pediram também a ajuda de amigos, parentes e personagens mitológicos. As seguintes reações foram de alunos de terceira série.

> Estive hoje outra vez com Haydn. Ele me disse que eu tenho de praticar mais para melhorar. Disse que devo examinar as notas, e que depois eu passaria a um novo livro.
>
> Quando inspirei, senti-me como se estivesse descendo degraus. Então me vi entrando no mar e Netuno me ensinou a nadar.
>
> Eu queria praticar corrida e meu professor era Bruce Jenner. Ele dizia: "Mantenha a passada e continue correndo."
>
> Achei este exercício muito assustador. Não gostei de descer os degraus. Por isso esperei apenas o exercício acabar e abri os olhos.

Quando as crianças dizem que acharam assustador um exercício, pergunto-lhes se querem conversar a respeito do que acharam terrível. O menino que manifestou medo em relação ao exercício do Mestre Competente tinha medo do escuro e temia que jamais saísse da árvore. Expliquei-lhe que, na imaginação, ele tem muitas escolhas. Ele pode iluminar bem os degraus na descida, arranjar um aliado para protegê-lo e guardar a porta a fim de garantir o seu regresso, ou pode optar – como ele fez – por não ir. Ele pode também "desligar" a minha voz a qualquer momento que queira e criar um cenário totalmente novo. Pode decidir encontrar-se com o seu Mestre no campo de beisebol!

Penso, no entanto, que é importante reafirmar a essas crianças que elas estão seguras e dar-lhes o tempo e a oportunidade de manifestar os seus temores. Não as julgue, dizendo: "Ah, isso é bobagem; nada pode acontecer. Você sabe que é apenas a sua imaginação." A imaginação não tem apenas imagens brilhantes; tem também imagens sombrias, e estas devem ser respeitadas e orientadas.

OBSERVAÇÃO AOS PAIS E AOS PROFESSORES

O Exercício 12 pode ser modificado quando se está ensinando sobre os lóbulos do cérebro, sugerindo-se que seu filho ou adolescente concentre a atenção no lóbulo frontal, que proporciona a capacidade de prever e o talento de planejar o futuro; no lóbulo temporal, que atua como o centro auditivo e pode ser o lugar onde as lembranças são armazenadas permanentemente; no lóbulo parietal, que recebe as sensações de tato e as informações espaciais; e no lóbulo occipital, que controla a visão. Uma alternativa seria concentrar-se nos hemisférios esquerdo e direito e no corpo caloso, que atua como uma central telegráfica, transmitindo mensagens de um lado para outro entre os dois hemisférios. Tornando o cérebro mais acessível por meio dos exercícios de imagens mentais, incentivamos a percepção consciente da ligação cérebro/mente/corpo.

EXERCÍCIO 12

Como fazer amizade com o seu cérebro

IDADE: de 9 anos à idade adulta
TEMPO: 5 – 10 minutos

Feche os olhos e comece a concentrar a atenção na sua respiração, dando a si mesmo a sugestão de que a cada expiração seu corpo se torna cada vez mais relaxado. Muito bem! Agora leve a atenção para o seu cérebro e, ao inspirar... e expirar, imagine as pulsações que entram e saem dele. Dê-se conta da forma do seu cérebro dentro do crânio, percebendo o seu peso e tamanho.

Levante agora as mãos e, sem tocar efetivamente a cabeça, leve-as tão perto do seu cérebro quanto possível, a cerca de um centímetro do crânio. Sinta o calor entre suas mãos e o cérebro. Sinta a energia que se irradia do cérebro para as palmas das mãos. Sinta o seu cérebro como um organismo vivo que respira. Comece a fazer amizade com o seu cérebro. (*Pausa*)

Baixe agora as mãos, mantendo a atenção concentrada ainda no cérebro. Envie mensagens de gratidão ao seu cérebro pelo extraordinário trabalho que ele realiza, e rogue a ele que continue a funcionar com maior destreza e capacidade a cada dia. Sugira a ele que envie mensagens benéficas por todo o seu corpo para que ele funcione melhor. (*Pausa*)

Agora, quando eu contar até cinco, torne a voltar à consciência plenamente desperta, sentindo-se relaxado e com maior percepção do seu cérebro. Um... dois... três... quatro... cinco.

7

Como facilitar a expressão de si mesmo

⊗ ⊗ ⊗ ⊗ ⊗ ⊗ ⊗

Não há limites para a criatividade com que as crianças escrevem quando inspiradas pela sua própria imaginação. Elas podem se deslocar para o futuro, rever o passado e criar invenções para fazer o dever escolar. Se sugerimos um exercício de imagens mentais no qual elas tenham que resolver problemas ambientais ou negociar um acordo pacífico para uma guerra, não há limites para as soluções criativas que ouviremos. Nunca mais nos depararemos com um ''Não tenho nada sobre o que escrever''.

As crianças sabem naturalmente contar histórias, e um exercício de imagens mentais possibilita a expressão de sonhos e visões coloridos. É um modo de pôr a trabalhar as fantasias; dá-se efetivamente à criança permissão para devanear, durante um período de tempo definido, e depois para expressar essas imagens em palavras, desenhos ou movimentos. As imagens mentais dirigidas são muito eficazes no ensino da redação porque permitem que as crianças exprimam em palavras suas experiências imediatas.

As imagens mentais também estimulam a criança com menor capacidade verbal a expressar suas idéias. Às vezes as crianças sentem que não têm nada que valha a pena dizer, ou que outras o dizem melhor.

Janine era uma aluna assim. Com oito anos, canhota, ela relutava em expressar suas idéias na sala de aula. Quando falava, sua voz era tão discreta que era difícil ouvi-la. Tinha grande dificuldade para ler em voz alta num grupo. Invertia muitas letras, tanto no trabalho escrito como na leitura.

Depois de um exercício de imagens mentais, no qual fizemos um passeio a um planeta imaginário, ela se tornou verbalmente mais expressiva. Enquanto estivessem naquele planeta, as crianças deveriam agir como exploradores, observando como a vida podia ser ali, como as formas de vida se comunicavam, como viviam, em que consistiam suas estruturas familiares ou sociais. As crianças tinham dois minutos para, de olhos fechados, soltar a imaginação e fazer a sua inspeção.

Quando terminamos nossa viagem, Janine fez o seguinte relato:

> Meu barco a vela levou-me até perto dessa terra distante e, depois, tive de fazer o resto do percurso montada num golfinho. As pessoas ali eram muito pequenas, mas tinham mães e pais grandes. As pessoas pequenas me viram chegar e prepararam uma grande refeição. Suas comidas eram todas geléias de sabores diferentes. Eles tinham salões cor de laranja também. Fora dos salões cor de laranja podia-se ver tudo lá fora, mas ninguém conseguia ver o lado de dentro. Então fui conhecer a mãe e o pai das pessoas pequenas. Elas me acharam esquisita, porque eu não era nem grande como a mãe e o pai delas, nem pequena como elas. Vestiram-me com uma roupa especial, igual às que usavam.

Um mês depois, repetimos o mesmo exercício. Janine tornou a visitar a terra das pessoas pequeninas e continuou suas aventuras.

> Hoje voltei à terra das pessoas pequeninas. Resolvi perguntar qual o nome do planeta delas para não ter que chamá-lo de terra dos pequeninos. Disseram-me que de fato não tinham um nome e que eu podia inventar um. Levei algumas horas para me decidir. Nesse meio-tempo, eles disseram que me mostrariam seu jardim de primavera. Havia lá uma porção de coisinhas redondas, esverdeadas e acastanhadas, que brotavam da terra. Próximos delas eles mantinham pequenos copos d'água. Eu disse: "Estas não são flores, são apenas bolinhas." Então eles mergulharam uma das bolas na água e todos bradaram "rosa". Tiraram-na da água e a secaram e tinham nas mãos uma bela rosa. E podiam fazer isso com qualquer espécie de flor ou arbusto. Sentei-me então para imaginar um nome para o planeta. Pensei que seria bom se fosse um nome que tivesse relação com eles. Bem, havia ali muitas flores e árvores e todo o mundo era feliz. Então eu podia misturar as palavras "flor" (*flower*) e "árvore" (*tree*) e isso daria "Livre" (*free*). Então ela teria sentido, porque eles são felizes e livres. Decidi-me por ela e, quando lhes disse, todos gostaram do nome. Depois tive que ir embora. Foi uma aventura maravilhosa.

Depois de dois meses Janine havia melhorado tanto a sua capacidade de falar quanto a de escrever. Tendo adquirido confiança na manifestação de suas próprias imagens, entrava mais livremente nas discussões de aula. O volume e o tom de sua voz mudaram e sua leitura oral tornou-se nítida e confiante. Parou de trocar a posição das letras na leitura e na escrita.

Não estou atribuindo esses progressos exclusivamente ao uso das imagens mentais dirigidas, mas estava claro que a expressão verbal de Janine melhorou devido ao uso dos exercícios.

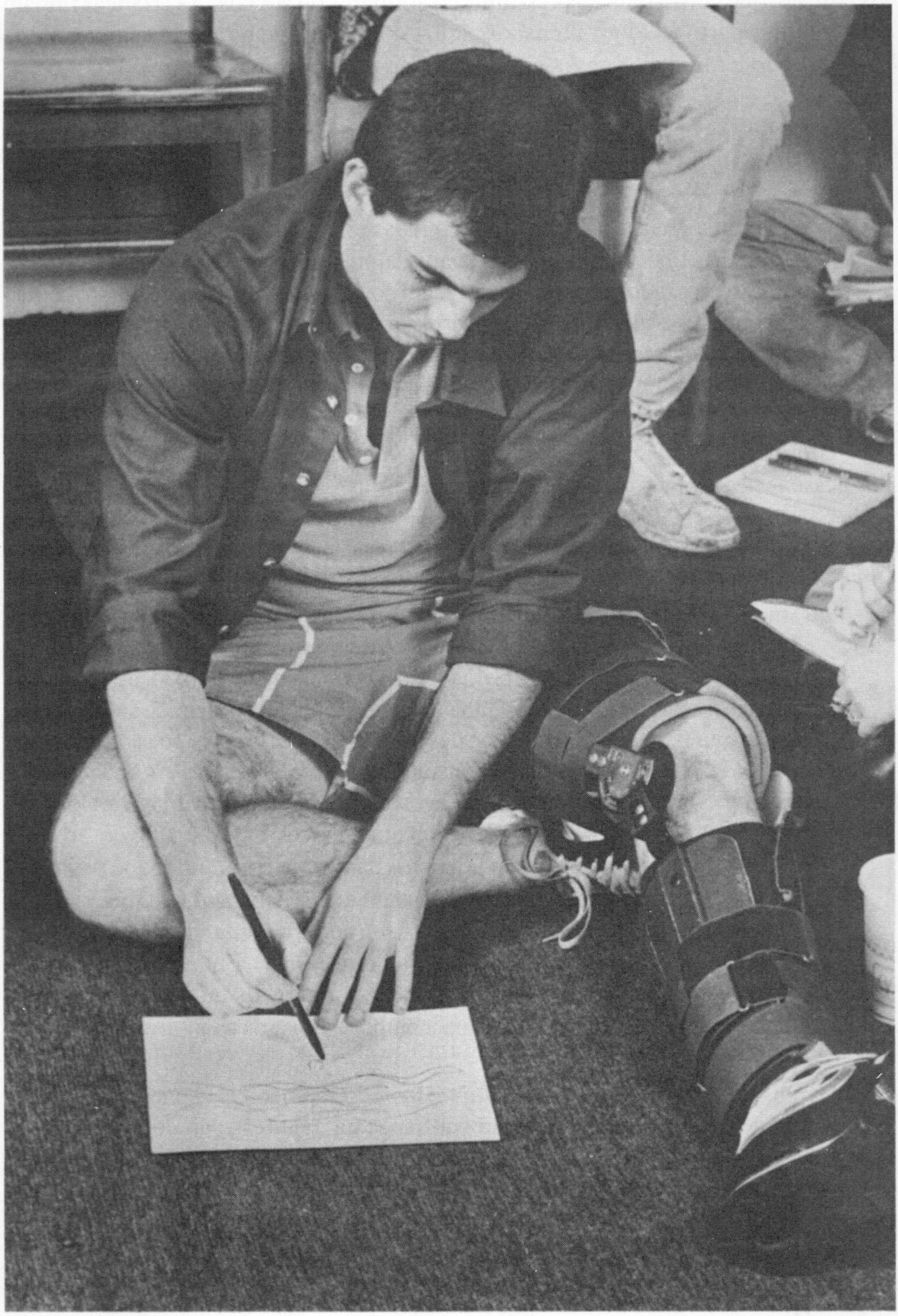

As artes da linguagem e leitura

As crianças gostam de ler suas próprias histórias e as de seus companheiros de classe. Aprendem a ler melhor quando lêem algo de importância pessoal. Depois de um exercício de imagens mentais, podemos sugerir aos nossos filhos mais novos ou à turma que desenhem as figuras que viram em sua imaginação. Eles podem então ditar as suas histórias a você, ou a uma pessoa mais velha que possa escrever as palavras. Em seguida, as crianças lêem suas estórias em voz alta. Que orgulho sentem ao escrever e ler em voz alta suas próprias histórias. Pode-se, além disso, aumentar seu conhecimento do vocabulário, usando as palavras que aparecem na história para ilustrar regras fonéticas e ortográficas.

Depois de um exercício de imagens mentais, a história seguinte foi desenhada e depois ditada a mim por Taro, um menino de sete anos classificado pelo seu professor como ''incapaz de ler''. Depois ele leu sua história em voz alta para o grupo, surpreso pela recém-adquirida capacidade de ler e orgulhoso dela.

> Quando olhei para os espelhos, vi um arco-íris se formando e no próprio círculo interior do arco-íris havia uma listra preta que estava sendo puxada para baixo. Quando ela chegou ao centro, transformou-se num pequeno ponto e lentamente desapareceu. Compreendi então que aquele era o ponto dentro de mim onde me faltava confiança. E quando soube disso, me senti sair do chão e me pus a voar como Jonathan Livingston Seagull. Comecei então a aprender a controlar o meu corpo, e podia voar rápido ou devagar e de cabeça para baixo. Depois comecei a sentir como se estivesse me transformando numa outra pessoa.

A redação criativa

Depois de experimentar uma rica imagem visual, uma criança pode descrevê-la com palavras:

A Folha do Ácer
por Jessica

A cor da folha
é como um pôr-do-sol laranja
A textura da folha
é como as pedras redondas da estrada
O aroma da folha
é ainda o mais doce
Mas o gosto da folha
é celestial.

Este poema foi precedido por um exercício de imagens mentais que realizei com a minha turma de terceira série, fazendo os alunos conhecerem os prazeres que as folhas de outono provocam nos sentidos. Numa viagem à Costa Leste, reuni folhas de muitas variedades, cores, formas e tamanhos. Os alunos de minha turma tinham crescido no sul da Califórnia e jamais haviam visto o magnífico espetáculo das cores outonais. Sem lhes mostrar as folhas, pedi às crianças que fechassem os olhos e usassem todos os sentidos quando examinassem o que estava para oferecer-lhes.

> Sente-se numa posição confortável e feche os olhos. Ponha as mãos, com as palmas para cima, nas coxas. Concentre a atenção na respiração e, quando respirar, seu corpo e sua mente ficarão cada vez mais relaxados. (*Pausa*). Imagine que está sentado debaixo de sua árvore predileta e começa a soprar uma brisa suave. (*Pausa*) Você sente as folhas que caem da árvore. (*Deixe cair as folhas lentamente sobre as crianças.*) Ainda com os olhos fechados, pegue uma folha e segure-a nas mãos. Sinta as nervuras da folha e perceba sua forma e tamanho. Imagine de que cor pode ser. Esfregue-a no rosto e repare na sua textura. Cheire-a... Que é que ela lhe faz lembrar? Imagine qual é o seu gosto. Pode se levantar, se quiser, e se mova imitando a queda suave das folhas no outono. (*Pausa*) Quando estiver pronto, abra os olhos devagar.

A reação a este exercício serviu-me para saber como é importante o uso dos sentidos na aprendizagem.

> Vejo folhas dançando na brisa
> Algumas são amarelas, verdes e vermelhas,
> Outras se parecem com coisas que jamais vimos antes.
> A minha tem cheiro de carvalho e, com certeza, é a melhor.
> A textura da folha cheira a vermelho
> A forma da folha lembra-me uma mão,
> Quando a levanto, posso ver a sombra das nervuras.

Neste poema, "a textura cheira a vermelho". Esse menino cruzou um sentido táctil com o olfato e a visão. Este dom, chamado sinestesia, é um instrumento eficaz na ampliação da memória. Este aluno, em particular, apresentava a melhor memória em relação à turma e estava adiantado um ano em matemática.

Dos muitos exercícios que utilizo para melhorar a aprendizagem sensorial, o Exercício 5, "A casa da percepção" (ver Capítulo 4), é particularmente eficaz.

As imagens mentais dirigidas são um meio excelente para criar, de acordo com um ponto de vista diferente, os personagens de uma narrativa. As crianças se relacionam de modo muito intenso com os animais, e empatizam com os seus sentimentos. Elas revelam muito do que têm dentro de si mesmas quando assumem o papel de um animal favorito. Histórias extraordinárias surgem quando a criança adquire as características e atitudes físicas de um personagem que encontrou no exercício de imagens mentais. Estes personagens se tornam multidimensionais, e não meras caricaturas monótonas e estereotipadas.

Num exercício de imagens mentais em que os alunos foram instruídos a se transformarem em seus animais favoritos, uma criança escreveu a seguinte história.

> Eu estava descendo um caminho pedregoso. Estava com calor e sede. Minha boca estava cheia de água. De repente, vi surgir um tanque e corri rapidamente na direção dele. Fui tão depressa que nem reparei que andava sobre quatro pés. E meus bigodes estavam fazendo cócegas nas minhas bochechas. Chegando ao tanque, imediatamente vi que havia me transformado num dos meus animais favoritos. Um gato!! Um gato com longos pêlos castanhos.
> Molhei minha pata no tanque e lambi-a com a ponta da minha áspera língua cor-de-rosa. Depois de um certo tempo, imaginei que o gato em que me transformara era exatamente como eu. Com a unha, desenhei um gato. Até como gato eu podia desenhar gatos melhor do que ninguém.
> Justamente nesse instante senti alguém tocar de leve a minha pata. "Alô", disse uma vozinha. Olhei em volta e não vi nada nem ninguém. "Olhe para baixo", disse novamente a voz. Olhei para baixo e vi uma joaninha. "Fico contente por alguém me achar", disse a joaninha. "Estou perdida no nevoeiro e preciso de um lar. Quero ser sua amiga", disse a joaninha. Pensei: gosto de fazer amigos. Sempre gostei. O fato de ser um gato não deve mudar nada. "Se eu for seu amigo, você será minha amiga?"
> "Naturalmente", disse a joaninha. "Teremos um longo dia amanhã, Jenny", disse a joaninha. "Como sou uma joaninha pequena, você me contará uma história para dormir." Eu contei porque gosto de inventar histórias. Quando acordei de manhã, eu já não tinha bigodes. Não tinha longos pêlos castanhos. Era a menina comum de cabelos vermelhos e sardas. Sabia que era hora de ir embora, e assim peguei a joaninha e voltei para a sala de aula.
>
> *– Jenny, dez anos*

Para intensificar o orgulho cultural

Em 1981, tive a oportunidade de ensinar o uso de imagens mentais dirigidas a cinqüenta turmas culturalmente mescladas, em British Columbia, Canadá. Essas turmas abrangiam crianças índias e não-índias, desde o jardim de infância até o décimo segundo ano. O rendimento dos alunos índios era deficiente em termos de leitura, de escrita e de outras habilidades verbais. O objetivo do meu trabalho era reforçar nessas crianças o sentido natural de aprendizagem visual e cinestésica.

Apresentei inicialmente as imagens mentais cinestésicas. Sugeri aos alunos que, com os olhos fechados, se imaginassem fazendo um lance livre em basquetebol, sentindo-se e vendo-se jogar corretamente. Dependendo da faixa etária, sugeri diferentes atividades esportivas, como jogar futebol, hóquei, voleibol, dançar e pular corda. Eles não encontraram dificuldade para se imaginarem executando essas habilidades.

Em seguida apresentei as imagens mentais visuais, sugerindo que, com os olhos fechados, imaginassem o que ocorrera quando se levantaram de manhã. Qual a sua primeira lembrança visual do dia? Notaram o sol entrando pela janela? Quando acordaram, viram um irmão ou irmã? Algumas crianças não faziam menção a nenhuma imagem. Tudo o que podiam "ver" era um negrume. Sugeri então que repetissem o exercício, dando-se conta dos primeiros sons, cheiros, gostos ou sensações que haviam experimentado naquela manhã. Cada criança teve alguma imagem sensorial de quando acordou.

Meu próximo passo foi levá-las a fazer um exercício intitulado "Meus Antepassados", no qual elas se imaginavam voltando no tempo e no espaço à terra de seus antepassados, aprendendo tudo o que pudessem sobre a vida nesse tempo. Disse-lhes que, no fim da viagem, eu pediria a elas que relatassem as descobertas que fizeram num desenho ou numa história escrita ou oral. Penny Joy, uma técnica de vídeo, fez um videoteipe das respostas delas e apresentou-o para que as próprias crianças se vissem e ouvissem.

Os resultados foram notáveis. Os professores, unanimemente, nos declararam sua surpresa ao testemunhar como alunos outrora calados passaram a ilustrar, escrever e enunciar claramente os seus pensamentos. Comentaram o sentimento de orgulho cultural que os alunos índios revelavam ao relembrar a sua herança. Admiraram-se com o vocabulário e as metáforas que as imagens mentais traziam à tona.[1] Estamos convencidos de que isso acontecia porque o exercício de imagens mentais, primeiro que tudo, estimulava os sentidos das crianças e as fazia passar por uma experiência que depois não tinham dificuldade para recordar verbalmente.

OBSERVAÇÃO AOS PAIS E AOS PROFESSORES

Sugiram aos seus filhos ou alunos que, no Exercício 13, aprenderão tanto quanto puderem sobre seus antepassados. Explique a eles que os antepassados são parentes que viveram há muito tempo. Eles utilizarão os sentimentos, idéias e informações tirados deste exercício para escrever uma história referente a um de seus antepassados, ou para fazer um desenho sobre o modo como viviam. Este exercício é especialmente eficaz no caso de crianças de nove a doze anos.

EXERCÍCIO 13

Meus antepassados

IDADE: de 7 anos à idade adulta
EXERCÍCIO: 5 minutos
CONTINUAÇÃO: 10 – 15 minutos

Feche os olhos e respire profundamente, acompanhando a inspiração e a expiração pelas narinas ou pela boca, do modo mais cômodo para você. Continuando a respirar, deixe que os músculos do seu corpo fiquem bem relaxados.

Imagine agora que está voltando muito rapidamente no tempo e no espaço em que viveram seus antepassados. Você pode até sentir-se em movimento, ou ver luzes e cores cintilando enquanto atravessa o espaço e o tempo. Observe o ambiente em que viveram os seus antepassados. Que estão fazendo? Podem estar caçando, cultivando a terra, pescando, construindo, cozinhando, cantando, dançando, criando objetos de arte, escalando, cuidando dos filhos pequenos ou tomando conta dos animais. Seja o que for que estejam fazendo, acompanhe com muita atenção para ser capaz de lembrar-se de cada pormenor a respeito deles. O que observa sobre a sua aparência? E sobre a sua vida familiar? Que tipos de animais existem lá? Quais são as cores, cheiros e sons que você percebe?

Escolha agora, no grupo, um de seus antepassados. Examine-o atentamente. Tome conhecimento da sua idade, das roupas que veste e da expressão do seu rosto. Faça agora amizade com ele e peça-lhe que lhe mostre as coisas interessantes do lugar. Aprenda o máximo que puder sobre como vivem os seus antepassados. Para isso, você tem três minutos contados no relógio, todo o tempo que lhe é necessário.

(*Três minutos depois*) Agora dê uma última olhada em torno, observando as cores, os sons, cheiros e gostos. Despeça-se de seu novo amigo e volte, através do tempo e do espaço, para este momento e este lugar, e tome consciência do seu corpo sentado aqui. Contarei até dez. Quando chegar a seis, junte-se a mim, abrindo os olhos no dez, lembrando-se de cada detalhe da visita que fez aos seus antepassados. Um... dois... três... quatro... cinco... seis... sete... oito... nove... dez.

Reações ao exercício "meus antepassados"

Descendo o rio Nass

Meu nome é Janice e, em meu sonho acordada, fui a Port Hardy. Encontrei ali três índios: uma menina, uma senhora e um homem. Eles moravam numa cabana feita de ramos e madeira, tiravam a pele dos animais, comiam sua carne e usavam a pele para fazer roupas. Todos estavam usando peles e tinham tipos diferentes de rostos. Os cabelos eram pretos, compridos e trançados. Fui caçar com eles e pegamos um alce e dois ursos. Eram ursos negros. Depois fomos pescar e peguei um grande cação e três salmões jovens. Depois ajudei-os a construir casas usando ramos. Fizemos uma grande fogueira.

Em seguida desci o rio Nass e, no caminho, apanhei algumas algas marinhas nas pedras, limpei-as e comi. Quando cheguei ao Nass, encontrei uma pessoa, e o nome dela era Naksy. Ela me disse que o seu nome em inglês queria dizer Pequena Senhora. Ela conversou comigo na língua indígena e me ensinou como falar. Passado algum tempo, fomos a uma dança índia, e ouvi os tambores batendo e algumas pessoas cantando uma canção índia em voz muito alta. Mais tarde comemos peixe, um pouco de carne de urso e algas marinhas. Depois todos participamos da dança, cantamos e voltamos para casa. Naksy vivia numa habitação comunal. De manhã, descemos à praia, apanhamos conchas de mariscos e com elas fizemos jóias.

– Janice, onze anos

Nossos antepassados

Eu era um Corvo e estava voando por cima das copas das árvores quando vi alguns lobos que estavam indo atacar o meu povo. Eu era um líder e devia proteger a minha gente; então mergulhei na direção deles, peguei um deles pela cabeça, e arranquei-lhe as orelhas. Enquanto eu ia atrás dele, um dos lobos saltou em cima de mim e me feriu na perna. Eu então levantei vôo, examinei a perna e vi que não estava tão machucada, de modo que chamei alguns outros Corvos e, quando todos chegaram, mergulhamos na direção dos lobos e eles não foram páreo para nós.

Fizemos os lobos recuar e lutamos contra eles até que saíssem de nossas terras. Dissemos a eles que, se voltassem de novo, o castigo seria pior. Todos foram embora. Voltamos para a nossa aldeia e fomos recompensados pelo cacique, e os lobos nunca mais voltaram a nos incomodar.

Dois anos depois, o cacique morreu e, antes de morrer, quis que eu fosse o cacique porque tinha salvo a aldeia. Anos atrás, ele fora como eu era, e por isso queria que eu fosse o cacique. O povo me coroou e sepultamos o cacique. Desde então, tenho ajudado a aldeia com comidas e nos combates.

– Steven, treze anos

LIVINGSTONE

EXERCÍCIO 14

Minha nave espacial

IDADE: de 5 a 12 anos
EXERCÍCIO: 5 minutos
CONTINUAÇÃO: 15 minutos

Neste exercício, você atuará como um repórter, relembrando o maior número de dados possível a respeito do planeta que escolheu para explorar. Não se esqueça de utilizar todos os seus sentidos para conhecer esse planeta ou estrela, empregando a visão, a audição, o olfato e o tato, e observe o que as criaturas comem, se ali houver seres vivos. Pode ser que você queira sentir o sabor do que eles comem. Observe como esses seres se movimentam, como vivem, que jogos têm e como são suas famílias.

Feche os olhos e concentre a atenção na sua respiração. Inspire... e expire suave e tranqüilamente. Imagine que está saindo desta sala para a área em frente, e ali encontra uma nave espacial que você mesmo desenhou e construiu. Entre nessa nave e se apronte para decolar. (*Pausa*)

Dez... nove... oito... sete... seis... cinco... quatro... três... dois... um... decolar! Suavemente, você sobe acima das nuvens... acima da atmosfera da Terra, rumo ao espaço desconhecido. E, voltando os olhos para a Terra, a vê como uma bola ou esfera que está se afastando de você. Você olha através da janela da nave espacial e vê o espaço exterior distante. Escolhe um planeta ou estrela para examinar e se dirige para ele na sua nave espacial. Ao pousar a nave, decide investigar esse planeta ou estrela e aprender o mais que puder sobre como vivem seus habitantes, se houver algum lá. Pode querer fazer amizade com uma das criaturas e fazer com que seu novo amigo lhe sirva de guia. Observe como eles se comunicam, como vivem, e como o planeta ou estrela é. Perceba os cheiros, os sons e gostos e como você anda nesse planeta. (*Pausa*)

Agora vou lhe dar dois minutos contados no relógio, que é todo o tempo de que precisa para explorar esse planeta. Quando tornar a ouvir a minha voz, estarei chamando você de volta à Terra. (*Pausa de 2 minutos*)

Agora despeça-se do seu novo amigo, suba na nave espacial e dirija-se para a Terra. À medida que for chegando perto da Terra, ela começará a parecer cada vez maior para você. Você entra na atmosfera da Terra... atravessa as nuvens... e, aproximando-se da Terra, será fácil identificar a sua casa e a sua escola. (*Pausa*)

Agora você pousa a nave espacial... entra de volta nesta sala... e percebe que está sentado aqui. Logo contarei até cinco. Quando estiver pronto, abra os olhos, lembrando-se pormenorizadamente de tudo que experimentou. Terá tempo para desenhar ou escrever sobre a sua viagem. Um... dois... três... quatro... cinco.

Reação ao exercício "minha nave especial"

O espaço vazio
O derradeiro horizonte chama,
Num vazio onde não existe som,

As estrelas brilhando com esplendor
Os raios do sol aparentemente
Alongando-se por toda a parte,
Oferecendo a vida e a luz eterna.
Nove corpos movendo-se em órbita radiante,
E outros, por seu turno, orbitando estes,
Até o fim dos tempos.

O Universo, a galáxia,
Um vazio de tranqüilidade
A vastidão inexplicada
De alta possibilidade.
As estrelas e os planetas
Símbolos de luz
Dando-nos poder
E esperança
Durante o dia e a noite.

– David, doze anos

EXERCÍCIO 15

Aventura com a fada das flores

IDADE: de 3 a 12 anos
EXERCÍCIO: 5 minutos
CONTINUAÇÃO: 5 – 15 minutos

Às vezes pode-se criar um exercício de imagens mentais dirigidas com base numa história escrita pelas crianças. Depois de ler a história de minha filha Heather, que acompanha este exercício, usei o seu tema para criar este exercício sobre as fadas das flores. Estas imagens mentais permitem que as crianças satisfaçam plenamente seu senso de magia e de aventura.

Feche os olhos e concentre a atenção na respiração. Suavemente, inspire... e expire. Enquanto respira calmamente, o seu corpo se torna cada vez mais relaxado. Imagine agora que está sentado ao ar livre na grama, num belo dia de sol quente. Está se deleitando ao contemplar o desabrochar de novas flores. Sente prazer com as suas cores e aromas. De repente, vê um ser diminuto à sua frente, subindo pela haste de uma linda margarida. Esse ser não é maior do que o seu dedo médio; voltando-se para você, ela faz um sinal de que deve segui-la. Você percebe que também se tornou pequeno e apressa-se a acompanhar sua nova amiga. Você agora tem três minutos contados no relógio, que é todo o tempo de que precisa para realizar uma aventura com esta fada das flores.

(Passados 3 minutos) Agora é hora de despedir-se de sua amiga e voltar para cá, repleto de lembranças de sua aventura. Eu contarei até dez. Junte-se a mim quando eu contar seis, e abra os olhos, sentindo-se alerta e revigorado, quando eu chegar ao dez. Um... dois... três... quatro... cinco... seis... sete... oito... nove... dez.

AS FADAS DAS FLORES

Numa pequena aldeia da Irlanda, vivia uma menina chamada Mindy. Ela morava num lindo chalezinho. Do lado de fora do chalé havia todo tipo de flores que se possa imaginar, e margeando as flores havia caminhos de tijolos. As flores cresciam em toda a volta do chalé numa carreira de quase dois metros de largura. Para lá dos caminhos e das flores, havia um gramado onde Mindy gostava de brincar. Mindy tinha dez anos e compridos cabelos louros. Morava com a mãe, o pai e a sua irmãzinha, Holly.

Um dia Mindy estava sentada no gramado, olhando para todas as flores, quando percebeu um diminuto ser alado de quase dois centímetros e meio de altura, sentado numa graciosa flor branca, conversando com uma joaninha. Dizia: ‘‘Ninguém quer brincar comigo, joaninha. Todo o mundo está muito ocupado.’’ Mindy assustou a joaninha e a moça quando disse: ‘‘Eu brincarei com você; afinal de contas, quem é você?’’ A menininha disse: ‘‘Meu nome é Emília. Sou uma fada das flores.’’ O resto do dia Mindy brincou com Emília até que foi chamada para jantar. Depois do jantar, leu para Holly e, em seguida, foi dormir.

No meio da noite, uma torrente de luz brilhou em seus olhos. Quando acordou, viu-se num pequeno leito de pétalas de rosas em lugar do cobertor. Mindy olhou para si e viu que tinha asas. Levantou-se e olhou em redor. Estava num lugarzinho onde havia uma escada que subia até uma porta. Galgou-a e bateu na porta. Emília abriu. ‘‘Bom dia’’, disse ela. Mindy perguntou: ‘‘Por que estou tão pequena quanto você?’’ Emília replicou: ‘‘Não há tempo para explicar. Quero que você conheça o rei e a rainha das fadas das flores.’’ Saíram e estavam numa aldeia onde todas as casas e lojas eram feitas de cogumelos. Foi numa casa de cogumelo que Mindy acordou. Ela nunca as tinha visto quando estava brincando, porque elas ficam muito bem escondidas debaixo das flores.

Foram para o palácio de cogumelo. De início, andavam, mas depois Mindy aprendeu a voar, de modo que fizeram um vôo até chegar ao grande e imponente cogumelo. Ao ver como Emília era pequena comparada ao rei e à rainha, Mindy se espantou; eles tinham quase dez centímetros e Emília apenas uns dois e meio. Mas, por outro lado, Emília não tinha a idade do rei e da rainha. Estes ficaram muito contentes em ter Mindy como uma fada das flores. Elas não se demoraram muito, porque Emília estava ansiosa para mostrar tudo a sua nova amiga. Ao voltarem à aldeia, ela apresentou Mindy a seu pai, cujo nome era Tom, à sua irmã, Elizabete, e à sua mãe, Maureen. Todos moravam com Emília, mas não estavam em casa de manhã.

Emília e Mindy brincaram uma com a outra todos os dias e se divertiram de montão até que, um dia, Mindy ouviu sua mãe chorar porque pensava que ela tinha ido embora. Dali a alguns dias, Mindy sentiu saudades e quis voltar para casa, mas nenhuma das fadas sabia como fazê-la voltar ao tamanho normal. Um dia Emília saiu de manhã bem cedo para descobrir como fazer Mindy voltar ao tamanho normal. No caminho, encontrou o seu amigo gafanhoto. ''Gafanhoto, como posso fazer minha amiga voltar ao tamanho normal?'' ''Emília, saiba que você pode ter tudo o que quiser se disser o que quer à flor branca silvestre.'' ''Muito obrigada, gafanhoto, adeus'', disse Emília. E foi correndo para casa para contar tudo a Mindy.

Quando Mindy ouviu isso, disse adeus a todo o mundo e foi falar com a flor branca silvestre. Murmurava: ''Eu gostaria de voltar ao meu tamanho normal, se você deixasse, minha linda flor.'' Imediatamente viu-se de volta à sua confortável cama. Somente ela e as fadas das flores se lembrarão do maravilhoso passeio de Mindy ao país das fadas.

– *Heather, nove anos*

8

Uma imagem positiva de si mesmo

⊗ ⊗ ⊗ ⊗ ⊗ ⊗ ⊗

Um dos mais importantes efeitos secundários do uso de imagens mentais dirigidas é o desenvolvimento de uma imagem positiva de si mesmo. As crianças aprendem melhor quando crêem que podem fazê-lo. Essa atitude positiva se comunica a tudo o que elas fazem. A maioria das crianças vale-se das outras para tranqüilizar-se quanto às próprias capacidades. As crianças que desenvolveram uma imagem de si mesmas como pessoas criativas e capazes não têm constante necessidade de reconhecimento dos outros. Elas *sabem* que são capazes!

A criança que se imagina melhorando determinada habilidade, realizando bem uma prova ou aprendendo com facilidade algo novo, começa a acreditar que isto de fato é possível. À medida que a habilidade desejada se aprimora ou a nota desejada em um exame é alcançada, a confiança da criança em si mesma se fortalece. Ela aprende a ter confiança em si, na sua capacidade de aprender e de ser bem-sucedida.

Um fato importante a lembrar é que tornamos ótima a nossa capacidade de aprender quando estamos felizes. Devido à maneira como é estruturado o cérebro, é impossível separar as emoções da aprendizagem. Os caminhos neurais entre o neocórtex (o cérebro cognitivo) e o sistema límbico (o cérebro emocional) estão sempre abertos, mesmo nas pessoas que crêem que as suas ações são dirigidas exclusivamente pelo intelecto. Por conseguinte, a primeira coisa que temos a fazer para preparar uma criança a fim de que aprenda é criar uma adequada estrutura mental.

Percebi isto quando coordenei um exercício de imagens mentais dirigidas sobre a idéia de si mesmo com um grupo de índios norte-americanos, da sétima série, em British Columbia. No final do exercício, perguntei ao grupo em que habilidades eles haviam imaginado que estavam melhorando. Um dos jovens alunos se viu pegando mais peixe; outra se viu pintando com mais destreza; outro se viu melhorando em matemática. Uma menina veio no final da aula e, com uma voz quase sussurrada, disse: "Eu não me vi melhorando na escola ou nos esportes. Apenas me vi como alguém feliz."

O avô dela, de setenta e oito anos, um ancião da tribo e professor da escola, estava presente durante o exercício e ouviu a resposta da neta. Numa reunião de professores, naquela tarde, discutimos os efeitos das imagens mentais sobre a aprendizagem. Ele disse ao grupo que esta era a coisa mais importante que sua neta tinha a aprender na vida: ser feliz. Às vezes estamos tão preocupados em encher nossos filhos de conhecimentos que esquecemos as coisas mais importantes.

Enfrentando a pressão

A crença de que aprendemos melhor sob pressão não é verdadeira. Quem quer que tenha experimentado a "ansiedade de uma prova" sabe como a tensão e o esforço interferem na aprendizagem, assim como na memória. Um simples exercício de relaxamento pode aliviar a angústia que muitas vezes acompanha uma tarefa difícil, seja representando, falando em público ou realizando uma prova. A criança pode adquirir controle sobre as desagradáveis emoções de ansiedade através da respiração e do relaxamento muscular.

Num projeto financiado pelo governo federal e realizado na Bell High School, em Los Angeles, alunos da nona série que estudavam o inglês como segunda língua alcançaram notas significativamente mais altas, em testes de competência lingüística, do que os grupos de controle.[1] Crianças da escola primária Main Street School, de Los Angeles, obtiveram, em testes padronizados, notas significativamente mais altas do que grupos de controle, num período de três anos.[2] Isto ocorreu também como resultado dos exercícios de relaxamento e do uso de imagens mentais. Visto que se imaginavam como alunos calmos e bem-sucedidos, aprendiam mais depressa e retinham na memória mais informações.

Na sala de aula ou em casa, o uso de um breve exercício de relaxamento pode ser particularmente eficaz antes de uma reunião para resolver problemas de relações interpessoais. As crianças, assim como os adultos, ficam suficientemente relaxadas para falar dos sentimentos de mágoa com bons resultados. Elas aprendem a identificar seus próprios sentimentos negativos e a dizer como a atitude negativa dos outros as afeta. E as soluções se tornam mais criativas.

O diálogo abaixo ocorreu entre duas alunas do jardim de infância. Essas meninas faziam parte de um triângulo cujos membros estavam constantemente manipulando-se uns aos outros. Fizemos um breve exercício de relaxamento antes de discutir o problema em questão. É possível que você concorde comigo: este nível de conversa é extraordinariamente amadurecido para quem tem cinco anos.

Juliana: Ania, você de fato feriu meus sentimentos quando não me deixou brincar com você, com Jennifer e com Michelle.

Ania: Eu não queria ferir os seus sentimentos; eu apenas não estava com vontade de brincar com você.

Juliana: Mas você disse que eu podia brincar com você quando saíssemos, e isso realmente me fez sentir excluída.

Ania: Eu esqueci. Você pode brincar conosco na hora do lanche.[3]

Em busca de um aliado

As crianças gostam de ter um confidente pessoal, alguém a quem possa contar as suas alegrias e tristezas, alguém que advogue a sua causa, alguém que lhes dê um conselho quando o futuro parece turvo. Este confidente pode assumir a forma de um avô, uma outra criança, um animal de estimação ou um animal empalhado. Ou então a criança pode criar um amigo imaginário. Este amigo imaginário toma muitas vezes formas diferentes: uma coruja, uma árvore querida, um personagem religioso ou mítico. As crianças estabelecem uma relação muito especial com esse aliado interior através do uso repetido das imagens mentais. O aliado interior conquista a confiança delas e lhes mostra diferentes aspectos de si mesmas.

Tenho proposto o exercício do Aliado a pessoas de todas as idades, de cinco até setenta anos. O aliado às vezes muda de forma durante o exercício. Um menino de doze anos nos contou que o seu aliado apareceu como uma grande pedra de granito ao lado do rio. Enquanto ele estava sentado próximo à pedra, saiu de dentro dela um enorme estegossauro. Este animal pré-histórico proporcionou-lhe uma sensação de força. A mudança de forma mostrou-lhe que uma pessoa muda de forma e de objetivos durante a sua vida.

Além de usar este exercício na sala de aula, servi-me do exercício do Aliado como parte de uma atividade para crianças intitulada "A Viagem do Herói". Nessa atividade, as crianças eram estimuladas a aprender a fazer pleno uso de suas capacidades física, mental e espiritual como ferramentas para a vida diária. Elas aprendem a identificar dentro de si mesmas as qualidades do aliado, tais como a coragem e a curiosidade, e a reconhecer como aliados os amigos, a família e até mesmo os inimigos. Aprendem que suas capacidades esportivas, talentos artísticos e progressos escolares podem ser considerados aliados. Descobrem que as deficiências podem ser consideradas aliados, uma vez que aprendem com elas e as superam.

Aceitação de si mesmo

Outro método para ajudar uma criança a ter uma sensação mais plena de si mesma é identificar os seus medos, suas habilidades, sonhos e desejos. É muito importante ajudar as crianças a se tornarem conscientes de seus dons especiais, talentos e capacidade e dar-lhes a possibilidade de expressar seus medos e fantasias. Possivelmente, uma das coisas mais importantes que os pais e professores podem fazer é ajudar as crianças a aprenderem a aceitar a si mesmas. Se uma criança aprender a se aceitar plenamente com suas forças e fraquezas, ela não ficará tão confusa com relação ao que é. Aprendendo a aceitar a si mesma, ela achará mais fácil aceitar os outros.

Um escudo de poder é um excelente método para ajudar as crianças a identificar suas capacidades e qualidades singulares – o seu poder pessoal e a importância dele. Poder significa muito mais do que força ou vigor físico. A força pode ser utilizada para criar ou destruir. É importante compreender os ritmos suaves e o equilíbrio da sua própria força.

Muitas culturas se valem de escudos ou brasões para mostrar aspectos de suas famílias ou tribos. Nesses brasões aparecem símbolos de habilidades particulares, de localizações geográficas, de tótens animais e de nomes de família ou pessoas.

O escudo do poder é semelhante. Nele as crianças desenham símbolos ou imagens que representam suas habilidades, medos, sonhos e desejos. Elas podem escolher qualidades de que se orgulham ou uma qualidade particular que precisam melhorar. Os medos podem ser um obstáculo definido que elas estão enfrentando atualmente, ou um medo que surge repetidamente em sonhos. As crianças encontram grande alívio na representação simbólica dos sonhos que se repetem. Os sonhos muitas vezes revelam fantasias também em relação ao futuro. Os desejos abrangem um largo espectro, desde os desejos físicos, tais como andar de bicicleta ou patins, até as intenções criativas, tais como o desejo de nadar com destreza e resistência. Este escudo é uma poderosa representação de como uma criança vê a si mesma.

EXERCÍCIO 16

O aliado interior

IDADE: de 5 anos à idade adulta
EXERCÍCIO: 5 – 10 minutos
CONTINUAÇÃO: 15 minutos

Feche os olhos e concentre a atenção na inspiração e na expiração de suas narinas. Continuando a respirar no seu ritmo, imagine que está passando por um caminho numa floresta muito densa. À sua volta há belas árvores verdes, e você desce esse caminho na direção de um rumor de água. Chega a um pequeno curso d'água e dele se aproxima, até ver o seu reflexo sobre a água. (*Pausa*)

Logo percebe outra presença próxima de você, mas você se sente inteiramente seguro. Vê outro reflexo junto do seu na água. Essa outra presença pode ser a de um velho sábio, de um animal ou de um ser imaginário que você sente como seu aliado, alguém que conheceu durante muito tempo, alguém em quem pode confiar. Seu aliado faz um sinal para que o siga através de uma pequena ponte que cruza o rio. Você vai e se vê subindo um morro que leva a uma gruta. Seu aliado entra na gruta, senta-se e faz um gesto para que você o siga. Você entra na gruta, senta-se e seu aliado começa a lhe falar sobre você mesmo. (*Pausa de 1 minuto*)

É possível que você tenha uma pergunta especial para fazer ao seu aliado, e a faz neste momento. Ouve atentamente a resposta. (*Pausa de 1 minuto*)

Seu aliado lhe diz que pode voltar à hora que quiser. Ele estará sempre à sua espera para ajudá-lo em tudo que precisar. Você agradece ao seu aliado e faz o caminho de volta pela ponte, tornando a olhar o seu reflexo na água. Vai percebendo como se sente enquanto sobe o caminho, sai da floresta e torna-se consciente de estar sentado aqui, plenamente presente. Conte para si mesmo até três e lentamente abra os olhos.

Reações ao exercício "o aliado interior"

Meu índio voltou a mim, a intervalos, durante vários anos. Sobretudo, ele tem estado aqui e ali desde que me mudei para Los Angeles. Ele nunca me fala verbalmente, mas posso ouvir seus pensamentos. Ele sugere coisas e me diz o que pensa que eu devo fazer quando estou perdido ou confuso. Foi minha mãe quem me deu a idéia do índio. Às vezes não posso interagir fisicamente com ele na minha mente. Às vezes nos limitamos a sentar juntos e a fumar um cachimbo. Geralmente vejo-o fazendo várias coisas e pensando para mim. Por vezes sequer o vislumbro ou penso nele, mas ele me ajuda a racionalizar e a interpretar os meus sentimentos e ações. Ele é muito simples e está sempre perto de uma tenda. Calça mocassins e veste calças de camurça e uma camisa. Tem longas tranças negras, em torno da cabeça uma tira feita com penas e contas. Usa ao redor do pescoço uma fieira de contas marrons, brancas, azuis e pretas. Seus mocassins são ornados de contas. Sempre parece tranqüilo.

– Bekki, dezesseis anos

JILL

OBSERVAÇÃO AOS PAIS E AOS PROFESSORES

Para o próximo exercício, depois de explicar o que é um escudo de poder, forneça muitos apetrechos de arte para que cada criança faça um escudo. Sugira uma forma circular ou de emblema, ou aceite a solução mais criativa da parte da criança. Se optar pelo círculo, sugiro que se use um papelão, com um círculo de 30 cm de diâmetro desenhado previamente nele. Recorte o círculo ou emblema para as crianças mais novas. Use canetas, aquarelas, pastéis, fitas, linhas, purpurina e todos os objetos encontrados que sejam importantes para a criança. Este exercício de atividade artística é muito apreciado entre os oito e dezesseis anos de idade. Reserve bastante tempo para esta atividade.

EXERCÍCIO 17

O escudo de poder

IDADE: de 8 a 17 anos
EXERCÍCIO: 5 – 10 minutos
CONTINUAÇÃO: 15 – 30 minutos

Feche os olhos e sente-se numa posição confortável. Inspire lentamente pelo nariz... prenda a respiração... e expire. (*Repetir 3 vezes*) Agora continue a respirar no seu próprio ritmo e concentre-se num ponto no meio da testa entre os seus olhos fechados. Imagine um círculo neste ponto, que começa lentamente a se ampliar a cada vez que você respira. Enquanto você continua respirando, o círculo vai crescendo cada vez mais, tornando-se cada vez maior, até que você e o círculo sejam uma coisa só.

Agora comece a ver, a sentir ou a imaginar os seus sonhos. Podem ocorrer-lhe símbolos que representem sonhos passados, ou você pode imaginar fantasias de futuras habilidades artísticas ou musicais, ou a sua maneira de proceder com os amigos, a família ou a natureza – qualquer coisa que o faça sentir-se bem consigo mesmo. (*Pausa de 1 minuto*)

Agora comece a ver ou a sentir os seus próprios medos. Sejam eles pequenos ou grandes, você está completamente seguro. Eles podem ser obstáculos que você está enfrentando no presente momento, e uma solução inesperada pode lhe ocorrer. (*Pausa de 1 minuto*)

Agora comece a ver, sentir ou imaginar os seus sonhos. É possível que lhe ocorram símbolos que representem sonhos passados ou você pode imaginar fantasias de futuros acontecimentos. Mais uma vez você está inteiramente seguro e aprendendo com as imagens que se apresentam. (*Pausa de 1 minuto*)

E, finalmente, você se torna consciente das imagens que representam os seus desejos. Esses desejos podem ter relação com algo de que precisa ou que queira ser. Seja o que for que deseje, é bom que isso seja salutar para você e para o planeta. (*Pausa de 1 minuto*)

Agora, num instante vou contar até dez, pedindo-lhe que se junte a mim, em voz alta, quando eu chegar a seis. Abra os olhos quando eu contar dez, sentindo-se alerta e revigorado e capaz de se lembrar dos símbolos específicos que representam as suas habilidades, medos, sonhos e desejos. Você pode usá-los para criar o seu próprio Escudo de Poder. Um... dois... três... quatro... cinco... seis... sete... oito... nove... dez.

OBSERVAÇÃO AOS PAIS E AOS PROFESSORES

O objetivo dos Exercícios 18 e 19 – "Eu como um robô" e "Mandala" – é mostrar a diferença entre atuar por piloto automático, como um robô ou máquina, e agir em harmonia com o seu eu e o universo.[4] Forneça bastante papel (30 x 45 cm), canetas e lápis ou aquarelas para ilustrar o Robô e a Mandala.

Antes de apresentar o exercício da Mandala, explique o significado desse conceito. A mandala é um desenho circular dotado de um centro a partir do qual o círculo se expande, assim como a vida cresce a partir de uma célula ou a planta a partir de uma semente. O centro é o começo da mandala, assim como é o começo e origem de toda a vida. O centro existe em todas as formas – uma célula, um cristal de neve, o Sol, a Terra, um ser humano. Começamos a desenhar a mandala a partir do centro. *Mandala*, de José e Miriam Arguëles, é um dos bons livros dedicados ao assunto.

Durante o exercício, ou enquanto as mandalas estiverem sendo desenhadas, pode ser interessante ouvir o *Canon in D*, de Pachelbel.

EXERCÍCIO 18

Eu como um robô

IDADE: de 8 anos à idade adulta
EXERCÍCIO: 5 minutos
CONTINUAÇÃO: 15 – 20 minutos

Feche os olhos e comece a concentrar a atenção na respiração. Respire três vezes, soltando, a cada expiração, qualquer tensão que haja em seu corpo. (*Pausa*)

Agora dê-se conta das vezes em que se sentiu como uma máquina ou um robô – ocasiões em que agiu automaticamente, sob o comando dos outros. Experimente essa sensação no seu corpo. Como o sente? Quais são os deveres, as obrigações, os padrões habituais na sua vida que interferem com a sua liberdade pessoal? O que o faz sentir-se como um robô? (*Pausa de 1 minuto*)

Logo lhe darei uma grande folha de papel e você terá vinte minutos para desenhar-se como um robô com lápis, crayons ou canetas. Agora abra devagar os olhos. Você pode começar por desenhar um contorno com forma de robô, para depois preenchê-lo com figuras ou palavras que ilustrem os seus hábitos e como eles inibem a sua liberdade.

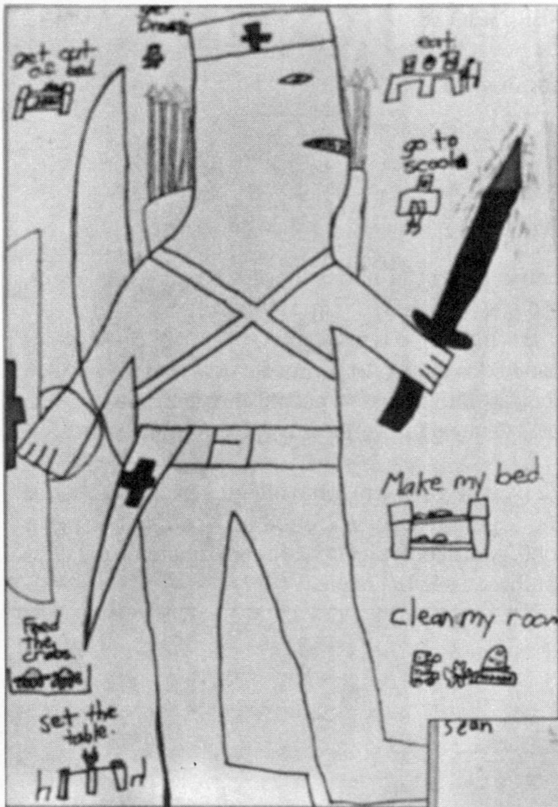
get out of bed
eat
go to scoole
Make my bed
clean my room
Feed the crabs.
set the table.

ADAM

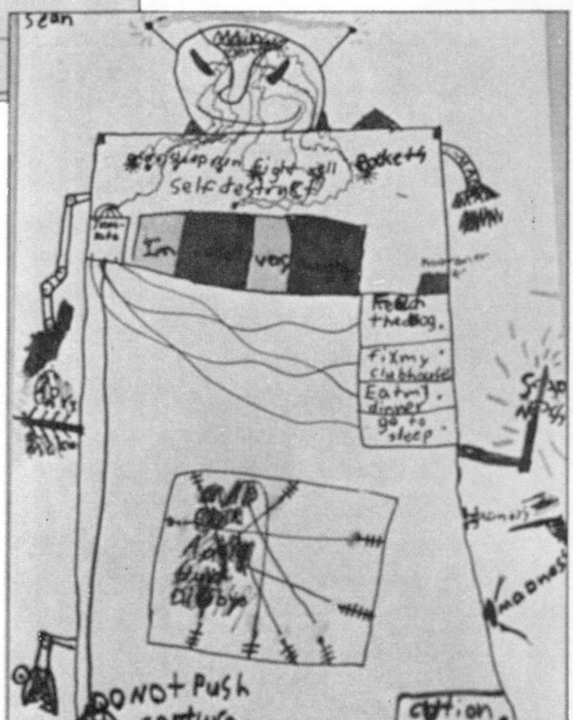
sean
self destruct
fight all
Rockets
Fetch the dog.
fix my clubhouse
Eat my dinner
go to sleep
madness
DONOT Push
capture
buttons
cution,
EXPlosevs

SEAN

EXERCÍCIO 19

Mandala

IDADE: de 8 anos à idade adulta
EXERCÍCIO: 5 minutos
CONTINUAÇÃO: 20 – 30 minutos

Feche os olhos e comece a respirar lentamente pelas narinas. Agora respire três vezes, soltando, ao expirar, qualquer tensão que possa ter no corpo. (*Pausa*) Muito bem. Agora continue a respirar no seu ritmo habitual e concentre a atenção num ponto no meio da testa, entre os olhos fechados. Imagine um círculo neste ponto; o círculo começa lentamente a se expandir a cada vez que você respira. À medida que respira, o círculo vai crescendo cada vez mais, ficando cada vez maior, até que você e o círculo sejam uma única coisa. (*Pausa*)

O círculo continua a se expandir até abranger tudo o que está na sala. (*Pausa*) À medida que você continua respirando, o círculo se torna cada vez maior e abrange todos os seus amigos e a família e, finalmente, circunda o universo inteiro. A cada vez que você respira, você e todo o universo são um só, em energia, espírito e amor. (*Pausa*) Continue respirando dentro do círculo enquanto se imagina como uma mandala, que é não apenas o centro mas a totalidade do universo. (*Pausa de 1 minuto*)

Quando estiver pronto, e só quando estiver pronto, conte até cinco para si mesmo e suavemente abra os olhos, tomando consciência de seu corpo físico e das outras pessoas ao seu redor. Pegue uma folha de papel circular, encontre um lugar da sala onde se sinta à vontade e use suas canetas, pastéis ou crayons para representar-se como uma mandala. Enquanto desenha, permaneça com o sentimento de que está unido ao universo.

As crianças gostam de desenhar-se como robôs, e os resultados são bastante surpreendentes. As pressões do tempo não são apanágio dos adultos. Nos desenhos infantis, as ilustrações de relógios ou de crianças correndo para pegar um ônibus ou uma carona são temas freqüentemente repisados. Desenhos que ilustram as situações de "ficar preso em congestionamentos de trânsito a caminho da casa de um amigo", "não estar pronto quando é hora de sair", "não ter tempo o bastante para fazer o dever de casa" e "nunca ter tempo para simplesmente ser" são repetidos sem cessar.

As crianças ilustram os "ter de" graficamente: "Quando tenho de: dar comida a meu cachorro/gato/passarinho/caranguejos/irmãzinha... sair da cama... ir para a cama... sentar-me à mesa... lavar-me... limpar meu quarto... ficar quieto... jogar o lixo fora... estudar piano... ir à escola... escovar os dentes... cortar o cabelo... tomar um banho... me arrumar depois de meu irmão...".

A segunda categoria mais repetida é a dos ''não'': ''Não se suje... não chegue tarde... não veja televisão... não desarrume o seu quarto... não brigue com a sua mãe/irmã/irmão''. As outras situações habituais que são ilustradas com freqüência são os sentimentos de frustração relacionados com doenças, pouca habilidade atlética, falta de dinheiro, almoços perdidos, dever de casa esquecido ou medo de que os pais desapareçam ou morram. As crianças de mais idade e os adolescentes muitas vezes fazem gravuras que exprimem angústias relacionadas com partes do corpo, com a guerra nuclear, com os ataques de quadrilhas e com a pressão dos colegas para tomar drogas e bebidas alcoólicas ou ser sexualmente ativo. As complexidades da vida para os jovens de hoje são enormes, e os pais e professores precisam estar conscientes delas.

9

Harmonia interior e exterior

⊗ ⊗ ⊗ ⊗ ⊗ ⊗ ⊗

Se eu souber que você e eu somos um só, que não estamos separados e que não sou apenas protetor do meu irmão, mas sou o meu irmão, eu o tratarei como trato a mim mesmo – com carinho.

– Lawrence LeShan[1]

De vez em quando, em conversas com grupos de pais e professores, me perguntam: "As imagens mentais dirigidas não são um retraimento egocêntrico? A senhora não está ensinando as crianças a esconderem-se em suas fantasias, a fugirem das realidades da vida quotidiana?"

A resposta é não. Se as crianças e os membros da sua família ou turma aprenderem juntas a aumentar a sua percepção, acalmar suas emoções e equilibrar as suas vidas interior e exterior mediante a utilização constante dos exercícios de relaxamento e de imagens mentais, o resultado provavelmente será um indivíduo com um eu *centrado*, e não um indivíduo centrado no próprio eu. Esse eu centrado revela características de respeito e amor a si mesmo, assim como aos outros.

Unidade grupal

No fim de um exercício de utilização de imagens mentais em grupo, eu sempre ficava surpresa quando uma criança dizia: "Senti-me como se estivesse unido a todos do grupo." Estas poderiam ser as palavras de uma criança de cinco, nove ou quatorze anos, pertencente à classe média, à cidade, ao subúrbio, ou ao nordeste rural. Não são palavras minhas ou sugestões sutis que eu tenha dado. São expressões espontâneas de uma criança que desembaraçadamente manifesta esse "sentimento".

Quando uma criança ouve a resposta de outra aos exercícios de imagens mentais, começa a identificar as próprias experiências íntimas com as da outra. Percebe que seus sentimentos, sonhos, medos e desejos são, na verdade, totalmente semelhantes aos da outra pessoa. Outros podem exprimi-los de maneira diferente, mas não se trata de realidades separadas ou isoladas. Isso contribui para um sentimento de unidade grupal.

A experiência mais intensa que tive do impacto das imagens mentais dirigidas na coesão do grupo ocorreu com uma turma de terceira série. Pelo fato de eu já ter dado aulas a essas mesmas crianças no jardim de infância, tive com elas um nível raro de relacionamento. Como fazíamos durante o jardim de infância, também na terceira série começávamos os dias com um breve exercício de concentração. À medida que avançava o ano escolar, eu e minha assistente, Donna, observamos um sentimento de consciência de grupo incomum em alunos de terceira série.

Os alunos de terceira série são notoriamente propensos à formação de "panelinhas". Há geralmente muitos triângulos, e as amizades não são facilmente compartilhadas. As crianças desta idade reivindicam sua independência e individualidade, e os meninos *jamais* brincam com as meninas.

O que observamos na nossa turma foi algo inteiramente oposto. Havia poucas "panelinhas", e os meninos e meninas brincavam juntos. Era comum ver quinze crianças sentarem-se juntas no almoço, em vez dos costumeiros grupos de duas, três ou quatro de outras turmas. Outros professores comentaram que aquele era o grupo mais coeso da escola. Observamos também um elevado grau de preocupação recíproca, que se manifestou a propósito da doença de um dos membros da turma, Sean.

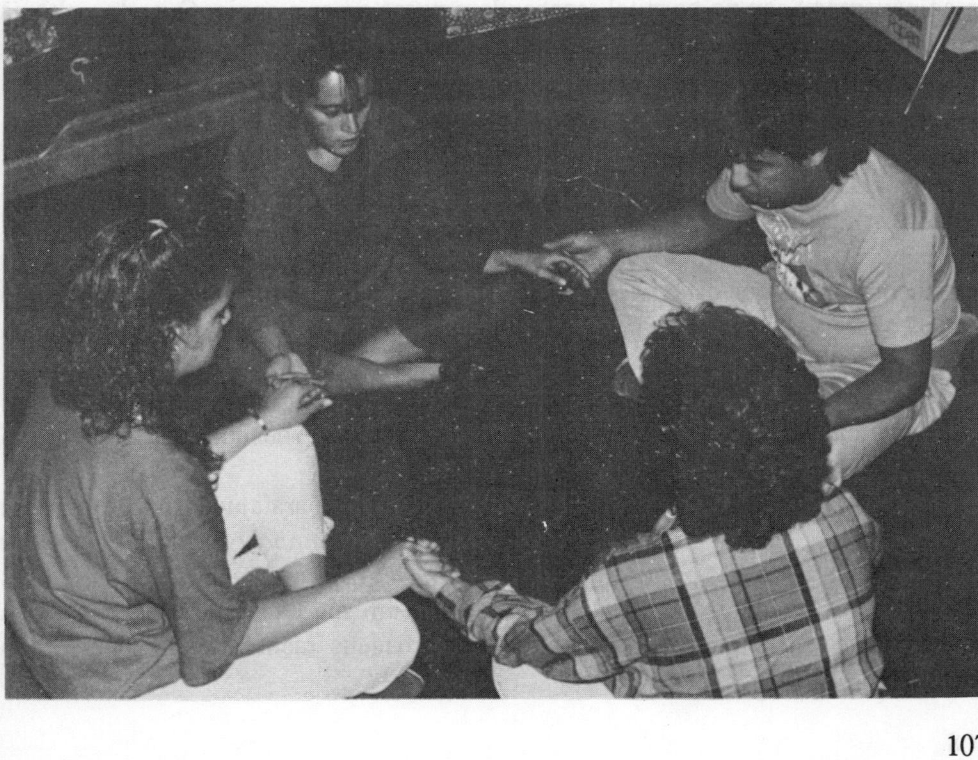

A cura pelo amor

Conheci Sean no jardim de infância. Era um menino jovial, risonho, de cabelos louros claros, que trazia sempre um sorriso no rosto e uma canção na ponta da língua. Ele se queixava, dentro dos limites do normal, de sua irmã mais nova, mas parecia ter o dom natural de transformar uma situação negativa em positiva.

Durante as férias de verão, entre a segunda e a terceira séries, Sean e sua família descobriram que ele tinha um grave tumor ósseo na articulação sacroilíaca que estava pressionando o nervo ciático, provocando uma dor enorme. Sean apareceu na escola em setembro com um aspecto muito diferente do que eu tinha conhecido. Estava amedrontado e irritado com a doença, não sabendo se se recuperaria totalmente e percebendo que se tornara diferente das outras crianças. Não podia participar das atividades físicas e estava apreensivo sobre como os colegas o tratariam. A maior parte do tempo se sentia cansado, e não tinha vontade de fazer o trabalho escolar.

No seu receio de parecer diferente, ele dizia que não queria ser escolhido para um tratamento especial, mas sabia que precisava do nosso apoio. Ele disse isso à turma certa manhã, durante a nossa hora de tranqüilidade, e todas as crianças começaram a compartilhar seus sentimentos em relação à doença dele. Elas também estavam assustadas. Não pensavam que garotos pudessem ficar gravemente doentes, e era, para muitas delas, a primeira vez que pensavam na possibilidade de crianças morrerem. Não gostavam da idéia de que o amigo estivesse sofrendo.

Espontaneamente, as crianças sugeriram que, durante o nosso momento de imagens mentais, enviássemos amor e energia a Sean. Fizemos isso quando ele estava presente e também quando se internou no hospital para fazer terapia de radiação. Imaginávamos Sean no hospital recebendo o nosso amor e apoio. Quando voltou à turma, ele nos contou como levou a nossa imagem na sua mente e como isso fazia desaparecer a dor e o medo.

Foi mais ou menos nessa época que ouvi pela primeira vez o dr. Gerald G. Jampolsky, do Centro de Cura através da Atitude [Center for Attitudinal Healing], falar do uso das imagens mentais para suavizar o sofrimento das crianças que têm de enfrentar situações de vida e morte por causa de doença ou da doença de um irmão. Ele falou do uso do amor para ajudar as crianças a esquecerem os medos e os sentimentos maus que estavam vivenciando. Falou também que o amor nos permite unir os espíritos. Compreendi que fora exatamente isso o que as crianças da minha turma tinham feito ao enviar amor a Sean.

As crianças do Centro que acompanhavam o dr. Jampolsky falaram sobre as suas experiências: suas raivas, suas enfermidades, seu medo de morrer e sua aceitação da morte.

Elas escreveram um livro sobre suas experiências para ajudar outras crianças que sofrem de doenças graves. Esse livro, *There is a Rainbow behind Every Dark Cloud* [Há um Arco-íris por trás de toda Nuvem Negra], contém suas histórias, seus desenhos e os recursos que acharam proveitosos em sua luta contra a doença. Um desses recursos era o uso dos exercícios de imagens mentais para lidar com o sofrimento e a frustração.

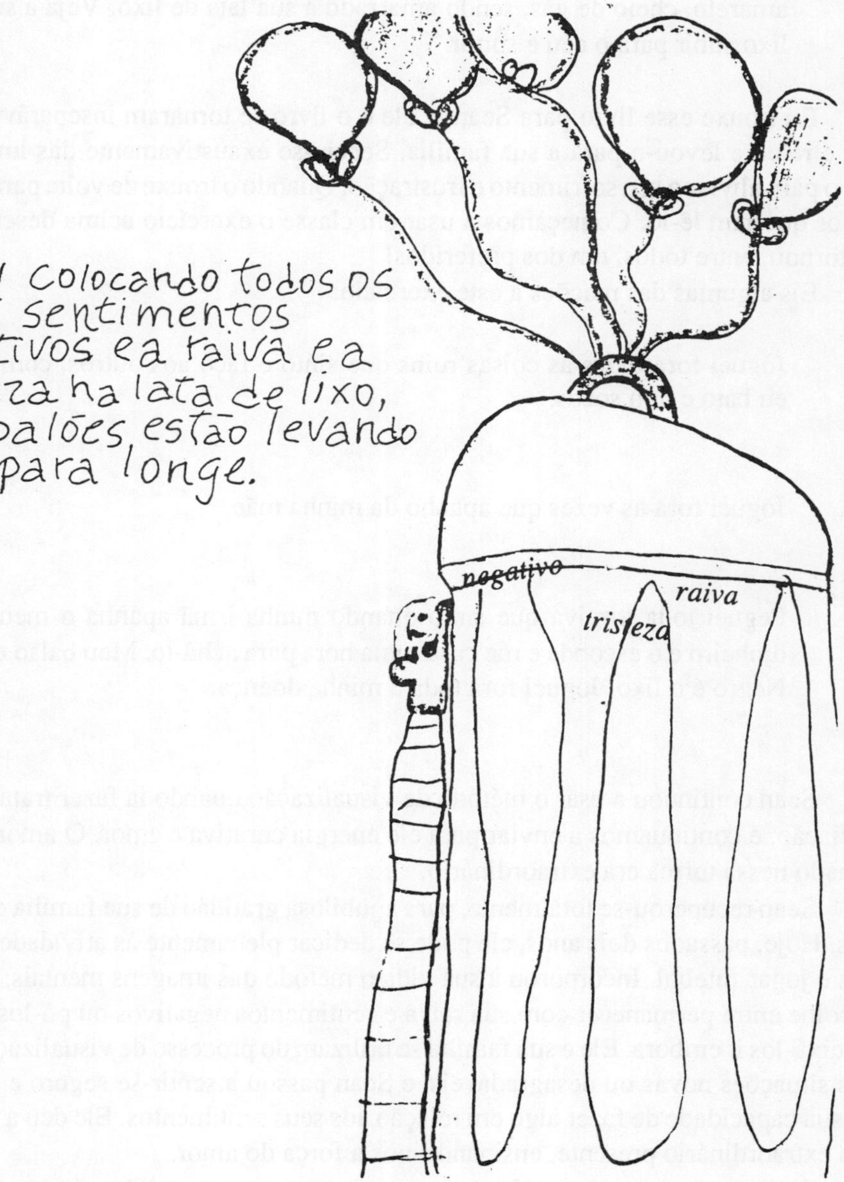
Estou colocando todos os meus sentimentos negativos e a raiva e a tristeza na lata de lixo, e os balões estão levando eles para longe.
negativo
raiva
tristeza

Um menino de dez anos do Centro, com câncer, conduziu-nos através do seguinte exercício de imagens mentais:

> Feche os olhos e imagine uma grande lata de lixo. Ponha nela todo o medo e todas as coisas ruins que aconteceram no passado. Veja um enorme balão amarelo, cheio de gás, sendo amarrado à sua lata de lixo. Veja a sua lata de lixo subir para o céu e sumir.[2]

Eu trouxe esse livro para Sean, e ele e o livro se tornaram inseparáveis. Ele o leu e releu e levou-o para a sua família. Serviu-se exaustivamente das imagens do livro para aliviar o seu sofrimento e frustração. Quando o trouxe de volta para a turma, todos queriam lê-lo. Começamos a usar em classe o exercício acima descrito, e ele se tornou, entre todos, um dos preferidos!

Eis algumas das reações a este exercício:

> Joguei fora todas as coisas ruins que sinto e faço aos outros, como quando eu bato e dou socos.
>
> *– Jessica*

> Joguei fora as vezes que apanho da minha mãe.
>
> *– Carlos*

> Peguei toda a raiva que sinto quando minha irmã apanha o meu cinto de dinheiro e o esconde e me custa uma hora para achá-lo. Meu balão era negro. Negro é o lixo. Joguei fora toda a minha doença.
>
> *– Sean*

Sean continuou a usar o método de visualização quando ia fazer tratamento de radiação, e continuamos a enviar para ele energia curativa e amor. O amor compartilhado nessa turma era extraordinário.

Sean recuperou-se totalmente, para a jubilosa gratidão de sua família e de todos nós. Hoje, passados dois anos, ele pode se dedicar plenamente às atividades esportivas e jogar futebol. Incorporou à sua vida o método das imagens mentais; ele ainda escolhe entre permanecer com sua raiva e sentimentos negativos ou pô-los no balão e deixá-los ir embora. Ele e sua família se utilizam do processo de visualização diante das situações novas ou desagradáveis, e Sean passou a sentir-se seguro e confiante na sua capacidade de fazer algo em relação aos seus sentimentos. Ele deu a todos nós um extraordinário presente, ensinando-nos a força do amor.

As imagens mentais nos fornecem um instrumento para lidar com os sentimentos. Podemos escolher entre nos agarrar às emoções desagradáveis, inclusive a raiva, a frustração e a mágoa, ou usar as imagens mentais para dissolvê-las. Muitas vezes pedimos às crianças que expressem o que sentem. No entanto, isso nem sempre é fácil porque as emoções negativas são com freqüência difíceis de caracterizar. Às vezes uma pessoa pode experimentar um sentimento generalizado de mal-estar, e se mostrar incapaz de atribuí-lo a um determinado incidente.

É um alívio saber que se pode fazer algo em relação a esse mal-estar. Podemos nos imaginar calmos e relaxados, cercados de amor, e optar por nos livrar das emoções que nos impedem de atuar em toda a plenitude. Ou podemos constatar que, quando nos acalmamos e nos concentramos, ficamos cada vez mais conscientes do que nos está incomodando, e tornamo-nos capazes de fazer algo quanto a isto.

As famílias e turmas que usam um breve relaxamento e curtos exercícios de imagens mentais sentem-se cada vez mais unidas. Um autêntico sentimento de união e afeto se desenvolve durante o exercício de imagens mentais. De algum modo, cada membro da família ou da turma adquire uma percepção maior de suas próprias emoções e das dos outros. Ocorre uma compreensão de que não deve existir separação; podemos coexistir com compreensão e amor.

Paz na terra

O que torna as imagens mentais uma ferramenta tão eficaz de aprendizagem e de vida? Como funcionam? Não sabemos com segurança que órgão do cérebro participa das imagens mentais; minha suposição, porém, baseada na experiência, na pesquisa e na leitura, é que, na imaginação, participa o órgão do cérebro mais recentemente desenvolvido – os lóbulos pré-frontais. Qual a importância disso? Pode ser que, pelo exercício dos lóbulos pré-frontais, se esteja criando um novo ser humano; um ser humano que compreende o sentido profundo e o impacto duradouro do amor e da paz.

Paul MacLean, chefe do Laboratório de Evolução Cerebral e Comportamento dos Institutos Nacionais de Saúde Mental, descreve o cérebro como sendo constituído por três cérebros interligados em um. Cada um desses cérebros corresponde a uma fase evolutiva principal e diferenciada; o cérebro desenvolveu uma camada nova e mais sofisticada à medida que os seres humanos se tornaram mais inteligentes e afetuosos.

O nosso cérebro de "réptil" se desenvolveu há centenas de milhões de anos e desempenha um papel importante no comportamento agressivo, na posse territorial, no ritual e no estabelecimento das hierarquias sociais. Vemos alguns destes comportamentos nas crianças e instituições muito novas.

Uma nova camada, o sistema límbico, se desenvolveu há 150 milhões de anos com a evolução dos primeiros mamíferos. Houve uma profunda mudança de consciência desde a postura de ovos até o transporte do filho no útero. O sistema límbico tem um papel importante na proteção da prole. Ele caracteriza a base das emoções, a unidade da família e do clã, e a capacidade lúdica. O sistema límbico é muito importante no desenvolvimento do adolescente.

A camada mais recente, que compreende 85% do cérebro humano, é o neocórtex. Desenvolveu-se à medida que os seres humanos começaram a usar, simultaneamente, ferramentas e a linguagem. O neocórtex participa do funcionamento cognitivo superior. Um modelo da função cognitiva divide o neocórtex em dois hemisférios, cada um especializado em diferentes modos de pensamento.

Estamos apenas começando a aprender a respeito da importância dos lóbulos pré-frontais do neocórtex, a parte mais recentemente desenvolvida do cérebro. De acordo com a pesquisa de MacLean, os lóbulos pré-frontais trazem ao mundo afeto e um sentido de compaixão. Eles são a sede da empatia, do altruísmo e da identificação com outra pessoa. Usamos os nossos lóbulos pré-frontais para fazer planos e imaginar como as coisas podem vir a ser, não apenas para nós, mas para os outros. MacLean diz que há indicações clínicas de que o córtex pré-frontal nos ajuda a adquirir uma percepção dos sentimentos dos outros.[3]

Se chegamos, no desenvolvimento do nosso cérebro, a um ponto em que podemos ensinar a percepção profunda, a previsão, a compaixão e o amor, há esperanças de que o planeta venha a ser mais pacífico e harmonioso. É possível que possamos nos servir das imagens mentais dirigidas para prefigurar condições harmoniosas de vida, para enviar energia curativa aos que sofrem e mandar amor para aqueles necessitados. Há também a possibilidade de que, através das técnicas de aprendizagem ampliada, tais como as imagens mentais dirigidas, possamos ajudar nossas crianças a trazer para a realidade as suas imagens.

INTERIOR-EXTERIOR

É como se a terra e eu fôssemos uma só, quando o sol é apenas sentido, mas não visto. Estou no meu próprio mundo e a terra está por toda a parte e tem um cheiro agradável. A confiança é nova e fragrante, mas ir para casa faz nascer dentro de mim um sentimento esquecido. Eu tentarei ser e serei como uma pessoa na floresta, sentindo-me livre para participar e ser tudo o que sou. Esse momento é tão bom e eu me sinto tão extraordinariamente nova!

O universo, a terra e eu.

Um eixo de esperança e luz saindo da terra e penetrando na esfera exterior do tempo e do espaço.

Você é tão belo para mim!
Você é... tão belo para mim!

– *Kristie*

EXERCÍCIO 20

Células que curam

IDADE: de 8 anos à idade adulta
TEMPO: 5 – 10 minutos

Este exercício pode ser usado com pessoas que têm câncer, leucemia ou AIDS.

Feche os olhos e comece a concentrar a atenção na respiração. Agora, toda a sua atenção está numa única coisa, no ar que entra e sai das narinas. (*Pausa*) Saiba que você tem a capacidade de se comunicar diretamente com o seu corpo físico através do seu cérebro/mente. Hoje você irá transmitir ordens de cura ao seu corpo. Concentre a atenção no seu coração, sinta o sangue entrando e saindo dele e fluindo através do corpo e do cérebro. Imagine um imenso e poderoso exército de células brancas curativas nadando pelo seu sistema sangüíneo como um cardume de peixes. Esse cardume de células brancas limpa o seu sangue e purifica o seu sistema imunológico. Ele purifica seus órgãos, músculos, ossos, pele e cabelos, eliminando e expulsando qualquer moléstia enquanto viaja através do seu corpo. Sinta a enorme energia curativa desse cardume de células brancas que circula pelo seu sistema sangüíneo. (*Pausa de 2 minutos*)

Agora você sente o seu corpo como um organismo forte e saudável. Num instante vou contar até dez. Quando eu chegar a seis, junte-se a mim, abrindo os olhos em dez, sentindo-se relaxado e alerta. Um... dois... três... quatro... cinco... seis... sete... oito... nove... dez.

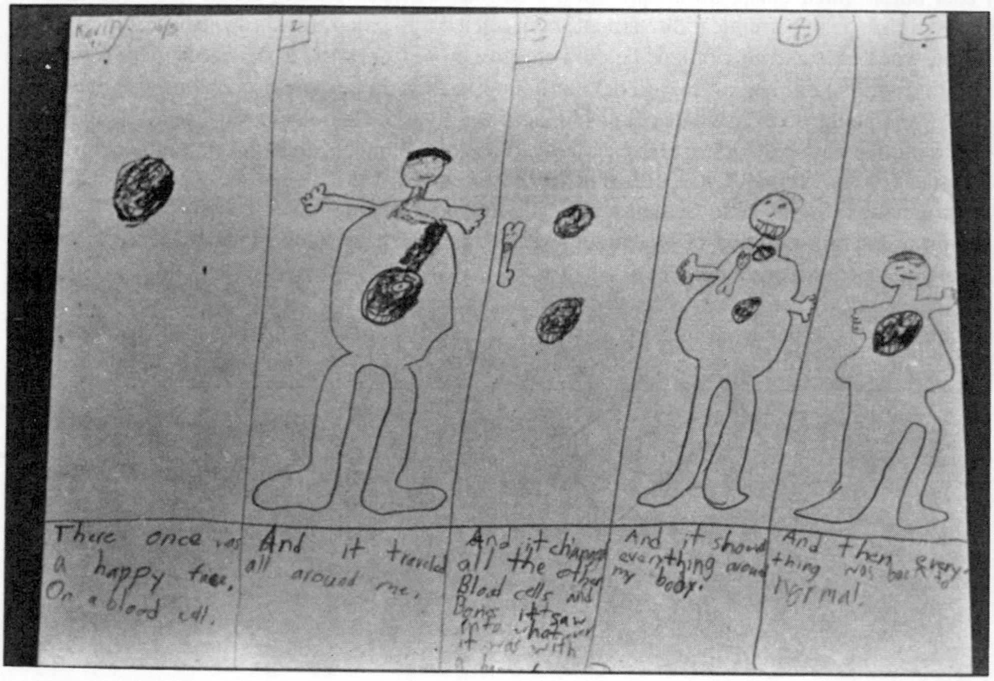
2
4
5.
There once vas a happy face. On a blood cell.
And it traveled all around me.
And it chapped all the other Blood cells and
And it showd everything around my body.
And then every thing was back to normal.

KEVIN

EXERCÍCIO 21

Meditação do coração

IDADE: de 3 à 12 anos
TEMPO: 3 – 5 minutos

Sente-se numa posição confortável. Feche os olhos e concentre a atenção na respiração, inspirando... e expirando... inspirando... e expirando. (*Pausa*) Agora, enquanto continua respirando de maneira descontraída, concentre a atenção no coração, no centro do seu peito. (*Pausa*) Respire dentro do seu coração e encha-o de amor e energia. (*Pausa*) Enquanto continua a respirar, a energia do amor se expande, tornando-se cada vez maior, enchendo todo o seu peito e possivelmente todo o seu corpo. Você pode associar uma cor a essa energia de amor. Agora envie o amor do seu coração para o centro do círculo. Este se une ao amor de todos os que estão na sala. (*Pausa*) E agora envie esse amor coletivo a alguém que não está presente e que você sabe que precisa de amor adicional neste momento. (*Pausa*) Agora traga de volta para você esse amor e energia, e, quando estiver pronto, abra devagar os olhos.

Reações ao exercício de "meditação do coração"

Enviei amor e energia a todos que precisam dele.

– Jessica

Minha mão estava quente e ficava mais quente quando o meu coração batia. Mandei amor e energia a Donna e ao seu neném. Quando eu o enviei ao centro, foi como uma cascata.

– Mary

Enviei amor e energia ao meu primo que estava gripado e queria sair e brincar, mas não podia. Senti energia em volta de mim e um jato de energia veio das costas de Sean.

– John

Senti-me formigando. Enviei amor e energia a Kirsten e a um neném que vi na televisão, cego de um olho e com uma deficiência no coração.

– Chris

Eu estava resfriado e enviei energia para o meu nariz. Depois mandei-a para a minha perna, porque ontem eu a machuquei. Eu senti como que uma vibração. Meu nariz ficou esquisito porque estava vibrando.

– Sean

LOVE
HEATHER M.

EXERCÍCIO 22

Meditação da flor de lótus

IDADE: de 3 anos à idade adulta
TEMPO: 5 minutos

Feche os olhos e concentre a atenção no seu coração ou na área no centro do peito. Imagine ali uma flor de lótus com pétalas douradas fechadas. À medida que respira dentro do coração, a energia deste lentamente abre as pétalas da flor de lótus (*pausa*) e uma linda luz azul emana do centro da flor de lótus. Você tem todo o tempo de que precisa para abrir a sua flor. (*Pausa de 1 minuto*) À medida que o lótus continua se abrindo, a luz azul se expande, enchendo você de amor e de luz. (*Pausa de 1 minuto*) Observe como a luz azul do seu coração se junta à luz dos corações aqui presentes. (*Pausa*) Agora abandone essa imagem, perceba como se sente e abra os olhos devagar, sentindo-se plenamente alerta, embora bem relaxado.[4]

Reações ao exercício de "meditação da flor de lótus"

A flor era amarela e as pétalas se abriram duas a duas. Era como lava azul saindo do meu coração, e a luz branca vinha do céu. Quando elas se encontraram houve centelhas. Um lado de mim sentiu-se quente e outro frio.

– Kevin

Eu pude ver os reféns [no Irã] serem libertados porque os guardas estavam deitados por todos os lados, cercados por uma luz branca e azul, e os deixaram partir.

– Sean

Minha flor desenrolava uma pétala de cada vez e ela era de todas as cores. Enviei amor e energia para todos os que precisam.

– Denise

Eu estava olhando com suavidade e vi a energia saindo de você. A minha energia foi ao encontro do seu feixe de energia e uniu-se a ele, e ambas foram na direção de Donna [que, naquele instante, estava dando à luz o seu primeiro filho].

– Carlos

OBSERVAÇÃO AOS PAIS E AOS PROFESSORES

O Exercício 23 é uma variante do exercício O Escudo de Poder. Adaptei-o para o Grupo Noturno de Quinta-feira, de Santa Mônica, uma organização educativa que facilita a preparação de crianças de todas as idades para a conquista da paz.

Forneça papel e canetas ou crayons. Faça os seus filhos ou alunos desenharem círculos divididos em quatro partes. Nelas eles deverão desenhar figuras ou símbolos que representem capacidades ou força, medos, sonhos e ações necessárias para a realização de seus sonhos futuros. Frise que esse exercício não tem relação com capacidade artística e não requer boas aptidões artísticas. É importante tornar concretas as imagens que tenham surgido nos exercícios de imagens mentais para que a pessoa possa trabalhar com elas. Discuta os escudos depois que tiverem sido desenhados.

Ressalte que cada pessoa tem um papel a cumprir na vida, sendo importante para as crianças e adolescentes compreender que aquilo que eles sonham para o futuro pode se tornar verdadeiro se eles estiverem dispostos a utilizar as suas habilidades, enfrentar os seus medos e chegar a um acordo com eles, e ver as opções que têm para criar uma vida sadia para si e para as pessoas que amam.

EXERCÍCIO 23

O escudo de paz

IDADE: de 9 a 18 anos
EXERCÍCIO: 10 – 15 minutos
CONTINUAÇÃO: 15 – 30 minutos

Visto que a ação sucede ao pensamento, é importante compreender que cada um de nós é responsável pelos próprios pensamentos e ações em relação ao futuro do planeta. O futuro depende de você, dos seus pensamentos, dos seus sonhos e ações.

É importante pensar sobre que forças e habilidades você traz para o presente, assim como para o futuro. É importante também saber que medos traz consigo porque eles podem influir no modo como você se vê participando na modificação do futuro. Se você tiver medo, será difícil pensar em mudar aquilo de que pode ter medo. É útil também saber quais são os seus desejos em relação a si mesmo, à sua família e amigos, e que atos terá que praticar para tornar realidade esses sonhos.

Hoje iremos fazer um escudo de poder pessoal, que mostra quem somos. Em muitas culturas, inclusive a européia e a dos norte-americanos, as famílias têm escudos ou brasões que dizem algo sobre elas, seus poderes, seu tótem animal, talvez o seu nome. O seu escudo será dividido em quatro quadrantes, nos quais você desenhará (1) poderes ou habilidades, (2) medos, (3) sonhos futuros, e (4) ações que lhe são necessárias para realizar os seus sonhos.

Feche os olhos e sente-se numa posição confortável. Concentre a atenção na respiração e, ao expirar, solte todas as tensões que possa estar mantendo no corpo. Dê a si mesmo a sugestão de que, a cada expiração, seu corpo se torna cada vez mais relaxado. (*Pausa*)

Muito bem. Agora continue a respirar no seu próprio ritmo e concentre-se num ponto situado no meio da testa, entre os olhos fechados. Imagine nesse ponto um círculo que começa a se ampliar lentamente a cada respiração. À medida que continua a respirar, o seu círculo vai crescendo cada vez mais, ficando paulatinamente maior, até que você e o círculo sejam uma só coisa. (*Pausa*)

Agora, nesse círculo, você começa a ver, a perceber e a sentir imagens que representam suas habilidades e capacidades. Elas podem ser habilidades físicas ou mentais efetivas, habilidades artísticas ou musicais ou habilidades de comunicação. Observe o que o faz sentir-se bem em relação ao que você é como pessoa. (*Pausa de 1 minuto*)

Agora comece a ver, a perceber ou a imaginar os seus medos. Sejam eles pequenos ou grandes, você está inteiramente seguro aqui, neste momento. Eles podem ser obstáculos que você está enfrentando na sua vida atual ou medos que você tem em relação ao futuro. (*Pausa de 1 minuto*)

Agora você começa a ver, a perceber ou a imaginar seus sonhos para o futuro, relacionados com você mesmo ou com as pessoas amadas por você. Como é que você quer viver sua vida? (*Pausa de 1 minuto*)

Agora, na última parte do círculo, você começa a ver, a perceber ou a imaginar o que você e os outros terão que fazer para realizar os seus sonhos. Que ação deverão praticar? (*Pausa de 1 minuto*)

Logo contarei até dez. Junte-se a mim contando em voz alta a partir de seis, abrindo os olhos em dez, pronto para desenhar as figuras de sua imaginação relativas às suas habilidades medos, sonhos, e à ação necessária para tornar reais os sonhos. Um... dois... três... quatro... cinco... seis... sete... oito... nove... dez.

10

O ingresso na adolescência

⊗ ⊗ ⊗ ⊗ ⊗ ⊗ ⊗

A puberdade é um período em que somos banidos do "jardim secreto" da infância. O adolescente que surge é um ser totalmente diferente do que era antes da maturidade sexual. Os adolescentes têm de relacionar-se com o mundo exterior de um modo que jamais fizeram antes. É assombroso que tantas pessoas sobrevivam intactas à adolescência!

As mudanças físicas, emocionais, mentais e espirituais que acompanham a adolescência acarretam aflições tanto para o filho quanto para os pais ou professores. Durante os anos de adolescência (aproximadamente dos 10 aos 19 anos), o ser humano tem que se voltar para fatores específicos de tensão que se referem à idéia de si, à imagem corporal, às emoções, amizades, pressões dos colegas, expectativas dos pais pelas notas escolares e pelo comportamento, pressões de tempo e dinheiro, à identidade sexual, ao abandono da segurança do lar na direção do mundo desconhecido da idade adulta, e a temores em relação à morte.

Estes fatores de tensão estão presentes quer se viva num ambiente rural ou na cidade, e devem ser resolvidos; caso contrário, o adolescente cai presa de raiva, depressão, dores de cabeça, dores de estômago, desordens alimentares ou problemas de sono, ou dá início ao uso abusivo de substâncias tais como álcool, cigarros ou drogas. Mantendo-se abertas as linhas de comunicação entre pais/professores e adolescentes e utilizando-se os exercícios de imagens mentais como um meio para reduzir a tensão, essa transição da infância para a idade adulta pode se tornar mais suave.

Adaptação

O 2º grau não anuncia apenas uma nova escola, mas também um período de experimentação – novas amizades, novas roupas, música e linguagem novas e novos

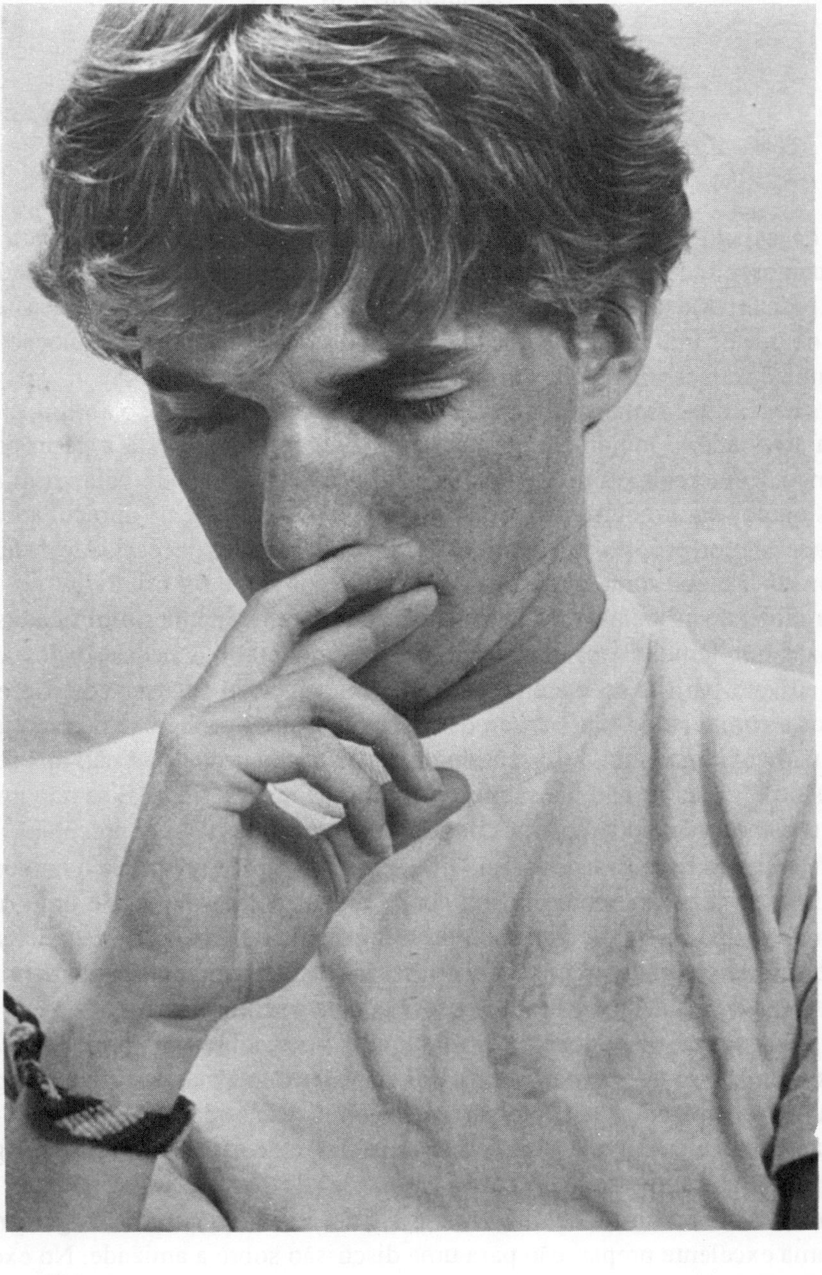

cortes de cabelo e penteados. Os amigos se tornam uma prioridade para muitos adolescentes, e o desejo de fazer parte de um grupo se torna uma necessidade.

Abraham Maslow, um dos fundadores da psicologia humanística, estudou aquilo de que os indivíduos necessitam em suas vidas e estabeleceu a noção de uma hierarquia das necessidades, conforme é ilustrado acima.

As necessidades mais fundamentais são a água, o alimento, o abrigo, o calor, o sono, a atividade, o movimento e o sexo. Em segundo lugar está a necessidade de segurança. Em terceiro, a necessidade de ser amado e apreciado pela família, pelos amigos ou por algum outro grupo. Em quarto, a necessidade de apreço, aprovação, dignidade e amor-próprio. No ponto mais alto está situada a necessidade de auto-realização: saber o que somos, ser tudo o que podemos ser, e ser criativos.[1]

Traduzindo as idéias de Maslow em termos extremamente simplificados, podemos dizer que temos de satisfazer a mais fundamental das necessidades antes de seguir adiante para ir ao encontro do próximo nível de necessidade. Se estamos famintos e enregelados, não pensamos em nossa segurança. Se não nos sentimos seguros, não cuidamos muito do sentido de participação grupal. Se não nos sentimos amados ou estimados, não pensamos em gostar de nós mesmos. E se não gostamos de nós mesmos, não podemos ser criativos e atingir todo o nosso potencial.

Às vezes as necessidades se modificam muito rapidamente. Se o namorado de uma adolescente rompe com ela, ela pensa apenas em participar de um grupo. Se alguém do grupo ao qual ela acabou de se ligar fala dela pelas costas, ela se sente traída ou banida. Os adolescentes podem ser insensíveis em relação aos sentimentos uns dos outros na sua desesperada necessidade de se enturmar.

O adolescente pode querer conversar com você sobre seus problemas com os amigos. Lembre-se de não banalizar essas relações ou as mágoas que acompanham a desilusão na amizade. Os adolescentes sentem a necessidade de examinar o que é importante para eles em relação a certas amizades, e de saber como podem agir para conquistar novos amigos e lidar com as amizades do sexo oposto.

Levei a minha turma de oitava série a fazer um exercício de imagens mentais que é uma excelente preparação para uma discussão sobre a amizade. No exercício, eles escolhiam um amigo para levar para uma ilha deserta, observando o que valorizavam nesta amizade enquanto ambos exploravam a ilha. As respostas a seguir refletem o que eles valorizavam no amigo:

> Ele tem os mesmos interesses que eu, o mesmo temperamento.
>
> Eu e meu amigo nos entendemos bem – ambos gostamos de acampar e de arte.
>
> Ele é uma pessoa com quem posso errar, alguém com quem posso abrir-me totalmente e falar sobre as minhas decepções.
>
> Posso partilhar com ela meus sonhos com relação ao futuro.
>
> Ela não me deixa ficar impune, quando brinco com o que estou fazendo.
>
> Ele me faz pensar.
>
> Ela não tem constrangimento por errar na minha frente.

O exame da noção de amizade por meio das imagens mentais pode ajudar os adolescentes a escolher o tipo de pessoas que desejam em suas vidas. Isto se torna claro na resposta abaixo, de uma jovem de quinze anos.

> Levei Jill a Puntarenas, na Costa Rica. A luz ali é magnífica e ela gosta de pintar, de modo que eu sabia que poderíamos passar alguns dias pintando e tirando fotografias. Ambas gostamos das pessoas, da comida das cantinas e de andar a pé nas montanhas. Jill tem medo de altura, por isso tivemos que subir as trilhas devagar, mas não me preocupei, porque isso me deu tempo para tirar fotos e apreciar as cores da folhagem.
>
> Uma das coisas que aprecio em Jill é que ela sempre me diz a verdade, mesmo que seja difícil, para mim, ouvir – a verdade sobre mim mesma, sobre o que ela gosta ou não em mim e a maneira como a trato. É alguém com quem posso partilhar minhas decepções, assim como minhas alegrias. Ela me faz pensar de maneiras novas, porque não encaramos as coisas do mesmo modo. Nem sempre concordamos, e isto é positivo.
>
> Com ela posso ser totalmente eu mesma, inclusive muito tola. Rimos um bocado juntas.

Idéia de si mesmo na adolescência

Os pais e a família são as pessoas mais importantes na vida de uma criança, e desempenham o papel mais importante na formação da idéia de si mesma pela criança – até a adolescência. Durante os anos da adolescência, os amigos parecem assumir o papel proeminente na definição da idéia que a pessoa tem de si mesma. Os professores e outros adultos, inclusive treinadores e chefes, também se tornam importantes. No final, o adolescente é quem decide o que pensa de si mesmo, mas ele se serve dos outros para ''ter a medida'' de si mesmo e os elege como modelos do que deveria ser.

Infelizmente, muitos adolescentes (entre 12 e 14 anos) que se comparam com outros se concentram apenas em suas fraquezas e não em suas forças. Olham o que eles não têm – boas notas, popularidade, um aspecto atraente – em vez do que efetivamente têm. Com isso, podem desenvolver expectativas não-realistas de si mesmos, de seus amigos ou de seus pais, e começar a se fixar no negativo.

A sua tarefa como pai ou professor é ajudá-los a ver os aspectos positivos deles próprios e auxiliá-los a pôr ordem na confusão que consiste em aplicar o específico ao geral. Às vezes as pessoas pensam que, quando uma coisa vai mal, tudo está ruim. Por exemplo, um garoto que não entra numa equipe pensa que não presta para nada. As crianças se esquecem de que todo o mundo erra, fica irritado, faz algumas coisas melhor do que outras, e passa por ciclos de crescimento e declínio durante a vida. Você precisa ajudá-las a adquirir esta perspectiva.

A idéia sadia de nós mesmos surge quando aceitamos o que somos *exatamente* como somos e sentimos que somos importantes na vida. Nossa sociedade vive atormentada pela doença do ''isto não basta'', e os nossos adolescentes estão sofrendo as conseqüências dessa desavença. ''Eu não trabalhei o bastante... não fui longe o bastante na escola... não ganhei bastante prêmios... bastante dinheiro... bastante amigos... bastante sexo/comidas/roupas/bens materiais/consideração...'' Este modo de pensar solapa o crescimento de uma saudável auto-estima. Estabelece um padrão de insatisfação consigo mesmo, porque a mensagem subjacente é ''Eu não sou suficiente''.

Nós *somos* suficientes, e é nosso dever como educadores e pais ajudar os nossos filhos a se sentirem seguros e convictos de quem são. Você pode ajudar os adolescentes a construírem a sua auto-estima levando-os a se concentrarem nas habilidades e talentos que têm, em vez de almejarem ser alguém mais. Encoraje-os a se darem conta de todas as vezes que fazem algo com êxito, e ensine-os a encarar os erros como uma forma de aprender e não como um revés. Ajude-os a tornar claras as suas metas e a ter uma visão de si mesmos como seres bem-sucedidos no que desejam fazer. Quanto mais clara a visão, maior a chance que têm de construir uma imagem positiva de si. ''Aceitação de Mim Mesmo'' (Exercício 26) é um excelente exercício de imagens mentais para formar atitudes saudáveis de amor-próprio que moldarão o rumo da vida de um adolescente.

Estados de espírito imprevisíveis

Em todas as idades, os exercícios que desenvolvem a concentração, a criatividade e a intuição são importantes, mas, no caso das crianças de mais idade, é ainda mais necessário dar-lhes uma compreensão ativa do funcionamento das suas emoções, do seu cérebro e do seu corpo físico. Os adolescentes estão cheios de emoções que não compreendem. No início da adolescência, eles experimentam amplas oscilações de estado de espírito; num momento se sentem felizes e, no seguinte, se sentem tristes.

Amy, de treze anos, explicava: ''Às vezes o que sinto me faz chorar sem nenhum motivo; às vezes eu fico zangada com alguém por nada. Essas mudanças de estado de espírito são assustadoras, porque não posso controlar meus sentimentos.'' Algumas pessoas se tornam mais irritáveis e discutem com mais freqüência durante a adolescência. ''Quando estou mal-humorado antipatizo com as pessoas e simplesmente não ouço o que os outros, sobretudo meus pais ou professores, estão me dizendo'', diz Craig, de quatorze anos. ''Eu apenas azucrino minha mãe e então me sinto melhor'', diz Eddie, de quinze anos.

A não ser que os adolescentes tenham um modo saudável de se livrar desses sentimentos imprevisíveis, um pai, um irmão ou professor pagará o pato. As emoções ficam acumuladas no corpo na forma de tensão muscular, dores de cabeça e de estômago e fadiga. Você pode ajudar os adolescentes a se livrarem delas com exercícios de diminuição da tensão, tais como ''Abrindo Espaço'' (Exercício 27) e ''A Onda'' (Exercício 29).

Imagem corporal

As mudanças físicas que ocorrem durante a adolescência podem ser uma causa importante da tensão do adolescente. As meninas ficam preocupadas com o fato de ficarem mais altas do que os meninos ao seu redor, com o tamanho dos seus seios (se são grandes ou pequenos) e com o momento em que menstruarão. Os meninos se preocupam com o tamanho do pênis, com a mudança da voz e com o fato de crescerem ou não. As meninas e os meninos se afligem com a própria aparência, com o peso, com os traços do rosto, com os pêlos do corpo e as espinhas.

As meninas podem ouvir o pai dizer: ''Oh, querida, é uma pena que você tenha as coxas da sua mãe''; ou os meninos podem ouvir da mãe: ''Seu pai não cresceu antes dos dezenove anos.'' Esses comentários, embora feitos para agradar ou tranqüilizar, podem ser fatais para os adolescentes sensíveis que já se sentem atraiçoados pelo próprio corpo. Tenha o cuidado de não banalizar suas ansiedades, fazendo brincadeiras de cunho genético e perpetuando os mitos familiares. Ajude-os a compreender que eles podem carregar no corpo imagens negativas de si mesmos e que podem mudar essas imagens para que se tornem positivas.

Muitos adolescentes podem conservar no corpo sentimentos de insuficiência e auto-aversão, assim como tensões relacionadas com o desempenho na escola e nas relações sociais. O dr. Eugen Gendlin e seus colegas da Universidade de Chicago desenvolveram uma técnica que ensina as pessoas a identificar e a modificar o modo como os problemas e atitudes pessoais se manifestam concretamente no corpo. Ele deu a essa técnica o nome de ''focalização'' [*focusing*].

A focalização é um processo no qual a pessoa faz contato com um tipo especial de percepção corporal interna, denominada sensação percebida. A sensação percebida é a sensação corporal de um problema ou situação particular que não é reconhecível inicialmente. Esse sentimento vago é descrito por muitos adolescentes como assemelhando-se a estar ''fora de sincronia''. Quando essas sensações sutis são focalizadas, o corpo encontra a sua própria maneira de dar respostas aos problemas não-expressos.[2]

Um exemplo disso é a pressão constante que os adolescentes sentem para se ajustar à imagem mediana de beleza e sensualidade. Apesar do intenso esforço realizado durante os últimos vinte anos para erradicar as imagens estereotipadas das mulheres e minorias, a idéia da inferioridade das mulheres e o racismo ainda existem.

Na verdade, a exploração do sexo e da raça tornou-se um expediente lucrativo para a indústria da publicidade.

Depois de fazer o exercício "Abrindo Espaço", Luisah, de dezessete anos, escreveu:

> Desde menina, tenho sido bombardeada pelas imagens e mensagens da mídia que dizem que uma mulher negra não pode ser bonita. Por isso, disse a mim mesma que ser bonita não tinha importância. Tenho apenas que trabalhar duro. Mas hoje sei que sou forte e não preciso ser branca e loura para ter importância nesta vida. Sei que sou bonita.

O cérebro na adolescência

A pesquisa do cérebro humano ainda não nos pode dar respostas sobre a melhor maneira de educar nossos alunos, mas pode nos fornecer analogias úteis, rever velhas teorias, sugerir novas hipóteses e eliminar algumas idéias antigas sobre o ensino e a aprendizagem.

Nós não aprendemos todos da mesma maneira, e não aprendemos com perfeição as mesmas matérias na mesma idade cronológica. O sexo afeta a aprendizagem, a estrutura cerebral afeta a aprendizagem, os hormônios afetam a aprendizagem e o comportamento. O modo como nos sentimos em relação a nós mesmos tem influência na qualidade da nossa aprendizagem e memória. As pessoas aprendem e se lembram de coisas diferentes a partir de um mesmo acontecimento, dependendo dos processos de organização que usam.

Uma pesquisa realizada por Herman Epstein descobriu que o cérebro, como todos os outros órgãos, cresce por etapas, aos saltos, apresentando período de rápido crescimento (durante as idades de 2-4 anos, 6-8 anos, 10-12 anos e 14-16 anos) e períodos estacionários (durante as idades de 4-6 anos, 8-10 anos e 12-14 anos) onde não ocorre praticamente nenhum crescimento cerebral significativo. Isto não significa que haja formação de novas células cerebrais durante os saltos de crescimento, mas que um número maior de conexões sinápticas se efetua durante esses períodos. E este número difere entre meninos e meninas.

Durante o período de crescimento de 10-12 anos, o crescimento do cérebro feminino é cerca de três vezes maior que o do masculino; a situação inverte-se, em favor do cérebro masculino, durante o período de crescimento dos 14-16 anos. Por isso, dos 10 aos 12 anos, as meninas necessitam de um currículo mais desafiante do que os meninos; por outro lado, precisam de um currículo menos intenso e complexo aos 15 anos. Ocorre com freqüência uma "parada" no progresso em conseqüência do excesso de desafios. Muitos cursos que envolvem "operações formais" começam aos 14 anos (nona série), quando a criança não está preparada por se encontrar num período estacionário. Durante tais períodos, a criança deveria ser exposta a uma grande quantidade de informações e a uma ampla variedade de experiências com a natureza, a ciência, as pessoas e o trabalho, tudo objetivando o alargamento da base de experiência *direta*.[3] Os professores e pais têm a responsabilidade, durante o período da adolescência, de tornar mais fácil a atenção, formular perguntas através das quais possam ser estabelecidas conexões e proporcionar experiências com "o mundo real".

Os pais também precisam lembrar-se de não fazer exigências *absurdas* aos adolescentes, em relação aos seus estudos. Ouço comentários como: "Minha mãe me *matará* se eu não entrar para Harvard", ou "Meu pai não me perdoará se eu não for bem em química. Ele simplesmente não compreende que não sou um ás em ciências como ele."

Ajude seus filhos ou alunos a se tornarem ativamente conscientes de estar trabalhando com o cérebro e a memória, e a fazerem uso do seu tempo para criar métodos eficazes de estudo. Use o exercício "O Cérebro como um Sistema de Recuperação" (Exercício 28) para ajudar os adolescentes a se prepararem mentalmente para uma prova. Não criem mais tensões em suas vidas, querendo que eles sejam bem-sucedidos naquilo que você foi ou não foi. Deixe-os viver a própria vida, cometer os próprios erros e aprender a fazer por si mesmos as melhores escolhas.

O uso dos exercícios de imagens mentais dirigidas com adolescentes

Os adolescentes precisam compreender *por que* você quer que eles façam alguma coisa. Não adianta apelar para a autoridade do adulto, que eles respeitavam quando mais novos. Agora eles querem saber as razões pelas quais esperamos que façam algo.

Os exercícios de imagens mentais dirigidas diminuem de fato a tensão, ajudam a pessoa a relaxar e livram a mente das perturbações e da tagarelice. Quando apresentei pela primeira vez as imagens mentais dirigidas à turma de Desenvolvimento Humano da 12ª série, Alexandra, de dezessete anos, fez o seguinte comentário:

> Acho muito difícil experimentar completamente as imagens mentais dirigidas, porque sou uma pessoa tensa. Preciso estar alerta com tanta freqüência durante o dia que é quase impossível participar e relaxar. Eu estou sempre pensando em alguma coisa que acabou de acontecer ou que ainda acontecerá. Tenho tendência a pensar tanto que isso me causa a maior dor e a maior alegria. Meus pés, costas, pescoço, mãos e rosto estavam extremamente tensos quando começamos. E de fato senti-me livre da tensão nas costas quando você nos levou à praia.

A experiência é o melhor mestre quando se trata de imagens mentais dirigidas. Você pode encontrar resistência quando apresenta pela primeira vez esses exercícios em casa ou na sala de aula, mas, se respeitar a necessidade que os adolescentes têm de reserva e segurança e aceitar os seus sentimentos, obterá mais sucesso. Geralmente são necessárias de quatro a seis sessões para que eles se acostumem com a novidade desta técnica. Seja prudente com as suas expectativas.

Os adolescentes podem não querer falar muito da sua experiência nos exercícios. Dê-lhes tempo de concretizar as suas imagens escrevendo, desenhando, usando aquarela ou argila. Pode ser uma boa idéia sugerir um Diário de Imagens Mentais no qual eles possam manter um registro de suas imagens. Quanto mais eles trabalharem com as imagens mentais, com mais freqüência as imagens se repetirão e ampliarão.

Na sala de aula

Numa escola primária ou secundária típica, você provavelmente terá carteiras ou mesas difíceis de deslocar a um tempo-limite de quarenta e cinco a cinqüenta minutos com seus alunos. Eu não tenho a minha própria sala de aula, e, ando de sala em sala pelo edifício da escola. A primeira coisa que faço junto com os meus alunos, quando eles entram na sala, é empurrar as carteiras e mesas para junto das paredes. Então nos sentamos em círculo, seja em cadeiras ou no chão. Muitas vezes meus alunos se deitam no chão, se houver um tapete ou se eles tiverem trazido uma toalha ou esteira. Se o tampo é ligado à cadeira, muitos alunos preferem pousar a cabeça no mesmo. Acendemos uma vela no centro do círculo, e muitas vezes também colocamos ali um cristal. Apago as luzes e faço tocar música suave e relaxante quando começo o exercício. Alguns alunos não fecham os olhos, mas desfrutam a repousante tranqüilidade da sala semi-escura.

Depois que terminamos o exercício, dou-lhes tempo para escrever ou desenhar sua experiência e então partilhá-la verbalmente, se assim preferirem. Os adolescentes de mais idade são mais reservados em relação aos próprios pensamentos, sentimentos e fantasias do que as crianças mais novas, e muitas vezes têm medo de como serão vistos pelos seus iguais. A seguinte reação de Andy, de dezessete anos, mostra a sua resistência, o seu medo de ser julgado, e como ele elucidou os seus sentimentos.

> Eu estava muito relutante e não me sentia bem fechando os olhos ou ficando deitado, por isso apenas fiquei alerta e pensando sobre as coisas. Lembro-me que era gostoso ficar de olhos abertos quando estava escuro. Eu sentia que era bom para os meus olhos. O aparelho da minha perna estava me incomodando e minha perna doía. Eu queria caminhar de um lado para outro e sussurrar alguma coisa a alguém que realmente gosta de mim, mas não tenho amigos chegados na turma. Eu queria ser como John Wayne, mas achava que todo o mundo pensaria que eu era um idiota. Bonnie estava linda de olhos fechados, como se fosse uma pintura. Eu gostava de observar as pessoas. Sentia-me cheio de força. Lembrei-me de ter pego a minha primeira onda no verão numa prancha de surfe.

Quando a campainha toca no fim da aula, rapidamente recolocamos as coisas nos lugares para o professor seguinte. Não é uma situação ideal, mas dá resultado. Os professores que têm sua própria sala muitas vezes usam almofadas e incenso. Eu me reúno com cada turma durante cinqüenta minutos duas vezes por semana, e usamos as imagens mentais uma vez a cada quatro reuniões. Não é tanto tempo quanto eu gostaria, mas é o que se pode fazer, e os exercícios valem a pena. Meus alunos ficam esperando o momento em que podem descontrair e "retornar a si mesmos".

Os professores me perguntam muitas vezes como coordenar o exercício. Coordeno os exercícios com os olhos fechados, porque sinto-me à vontade agindo assim. Desse modo, posso participar também. É esta a minha maneira, que pode não ser agradável para outros. Muitos professores lêem os exercícios diretamente do livro, tendo o cuidado de compassar a leitura. Outros preferem gravar a própria voz ou servirem-se de fitas gravadas comercialmente. Use o método que lhe dê resultados e experimente. Não existe nenhum método *correto* quando se trata de imaginar.

Em casa

Cada família deve organizar o seu programa para praticar em grupo as imagens mentais dirigidas. As manhãs de domingo surtem efeito com a minha família, embora não numa base semanal. Quando as crianças crescem, passam cada vez mais tempo longe da família, com amigos, esportes e outras atividades. Esta é uma das razões pelas quais é importante iniciar a prática das imagens mentais quando as crianças têm pouca idade. Elas podem depois continuar fazendo esses exercícios por conta própria, especialmente em momentos de confusão ou quando precisam de orientação.

Tive a experiência gratificante de ensinar a Katya as imagens mentais dirigidas no jardim da infância e depois, doze anos mais tarde, encontrá-la num grupo de trabalho para alunos do terceiro colegial. Ela me disse que a orientação que tivera com as imagens mentais dirigidas, quando era uma criancinha, lhe permitira manter uma sólida relação com os seus símbolos oníricos, bem como com a dimensão espiritual da vida. Sua atual prática de meditação nasceu dessa sua experiência anterior.

OBSERVAÇÃO AOS PAIS E AOS PROFESSORES

Sugira aos seus adolescentes ou turma que escrevam sobre as suas experiências do Exercício 24 ou as desenhem, prestando especial atenção aos detalhes da ilha e ao relacionamento com os amigos. Por que escolheram determinada pessoa e o que valorizam nessa amizade? O que aprendem sobre si mesmos quando estão com essa pessoa? Agem com esse amigo de maneira diferente da que agem com outros? Este exercício pode ser usado para iniciar uma discussão sobre a amizade.

EXERCÍCIO 24

Amizade numa ilha deserta

IDADE: de 11 a 17 anos
EXERCÍCIO: 5 minutos
CONTINUAÇÃO: 15 – 20 minutos

Neste exercício, você escolherá um amigo para ir com você explorar uma ilha abandonada. Observe o que você valoriza nessa amizade.

Feche os olhos e concentre a atenção na respiração. Agora, respire profundamente três vezes, soltando, ao expirar, todas as tensões que traz no corpo. (*Pausa*) Muito bem. Agora dê a si mesmo a sugestão de que, a cada expiração, seu corpo fica mais e mais relaxado.

Imagine que está viajando, através do espaço e do tempo, para uma ilha deserta com um amigo que você escolheu. Os dois chegam e começam a explorar a ilha, observando a vegetação, a vida animal e os pássaros, o clima, os odores, cores, texturas e gostos. Você escolheu esse amigo para acompanhá-lo por um motivo especial. O que você aprecia nessa pessoa? Observe como se relaciona com ela. Observe o que você valoriza nessa amizade. Você terá três minutos contados no relógio, que é todo o tempo de que necessita para explorar essa ilha junto com o seu amigo. Comece. (*Pausa de 3 minutos*)

Agora dê uma última olhada em torno da ilha antes de ir embora, prestando atenção às cores, aos cheiros, aos sons e às texturas. (*Pausa*)

Traga agora suavemente a sua atenção de volta para esta sala. Logo contarei até dez. Junte-se a mim quando eu chegar a seis, abrindo os seus olhos no dez, sentindo-se revigorado e alerta e lembrando-se totalmente da sua experiência. Um... dois... três... quatro... cinco... seis... sete... oito... nove... dez.

EXERCÍCIO 25

A imagem no espelho

IDADE: de 10 a 15 anos
TEMPO: 10 minutos

Feche os olhos e comece a concentrar a atenção na respiração, de modo que toda a sua atenção se fixe no ar que entra e sai de suas narinas. Ao respirar, dê a si mesmo a sugestão de que, a cada expiração, o seu corpo se torna cada vez mais relaxado. (*Pausa*)

Imagine agora que está atravessando uma exuberante floresta verde e vê uma casa numa colina distante. Você se aproxima dela. As portas estão abertas – por isso você entra – e abrem-se para uma grande sala onde as paredes, o teto e o chão são feitos de espelhos. Uma música começa a tocar; você a ouve atentamente e a reconhece. Aproxima-se de uma das paredes espelhadas, olhando para a sua imagem refletida. Subitamente, a sua imagem começa a dançar acompanhando a música. Você se junta a ela, seguindo o comando do seu par, que é você mesmo. Você tem três minutos contados no relógio, que é todo o tempo de que precisa, para participar dessa dança. (*Pausa de 3 minutos*)

Agora termine a sua dança, deixe o seu par e volte para cá, lembrando-se dos seus movimentos e do que aprendeu sobre a sua imagem refletida. Contarei até dez. Junte-se a mim quando eu chegar ao seis, e abra os olhos no dez, sentindo-se relaxado e alerta. Um... dois... três... quatro... cinco... seis... sete... oito... nove... dez.

NOTA: Este exercício de imagens mentais geralmente evoca, para a maioria das pessoas que participam, o som de uma música. Se não é esse o caso, você pode tocar "A Primavera", das *Quatro Estações*, de Vivaldi, iniciando a execução do disco ou fita no momento em que diz "Uma música começa a tocar..."

Eu sou um Herói

Um mavilhoso sentimento de amor
veio a mim hoje,
E eu o segui.
E já não sou mais eu,
Sou um espírito, um sábio ser
que vem do fundo da
minha alma.
Sou o próprio amor,
Sou generosidade.
Sou uma árvore, uma folha
de relva.
Sou o sol, a lua, as estrelas.
Sou bravura.

E encontro um herói dentro
de mim.
Eu sou um herói.

Maria

DREW

EXERCÍCIO 26

Aceitação de mim mesmo

IDADE: de 13 a 18 anos
EXERCÍCIO: 5 – 10 minutos
CONTINUAÇÃO: 10 – 15 minutos

Feche os olhos e concentre a atenção na respiração. Enquanto inspira e expira suavemente através do nariz ou da boca, cuide de ir ficando cada vez mais relaxado. Ao inspirar e expirar suavemente, seus pés se tornam relaxados (*pausa*), suas pernas ficam relaxadas (*pausa*), seu abdômen fica relaxado (*pausa*), suas costas e seus ombros ficam relaxados (*pausa*) e seus braços ficam relaxados (*pausa*). E, à medida que você continua a inspirar e expirar suave e tranqüilamente, a sua cabeça fica relaxada e a sua mente vaga livremente. Você se vê flutuando, saindo desta sala para um lugar onde se sente realmente bem. Pode ser um lugar na natureza, um local que visitou nas férias, qualquer lugar onde se sinta bem consigo mesmo. Quando estiver nesse lugar, simplesmente desfrute o fato de estar ali. Curta o calor do sol... e respire-o para dentro de si. Sinta o calor do sol e sinta-se cheio de amor. Agora veja a si mesmo como sendo perfeito exatamente do jeito que é... com um amigo (*pausa*)... com a sua família (*pausa*)... consigo mesmo. Veja-se fazendo à vontade algo que gosta de fazer, seja jogar futebol, esquiar, tocar piano, desenhar, cantar, conversar com os amigos ou estar sozinho. Experimente apenas a alegria de ser você mesmo. (*Pausa*) Continue sentindo o calor do sol e respirando um sentimento de paz e bem-estar. (*Pausa de 2 minutos*)

Agora vou chamá-lo de volta. Traga esse sentimento de bem-estar consigo e conserve-o durante o dia. Vou contar até três. Abra os olhos quando eu chegar a três, pronto para desenhar ou escrever sobre a sua experiência. Um... dois... três.

EXERCÍCIO 27

Abrindo espaço

IDADE: de 13 anos à idade adulta
TEMPO: 15 – 20 minutos

Feche os olhos e comece a concentrar a atenção na respiração. Sinta o ar entrando e saindo de suas narinas e atente para o ritmo de sua respiração – é superficial ou profundo, longo ou curto? Concentre toda a atenção na respiração. (*Pausa*) Daqui a pouco, mas não agora, vou lhe pedir que faça o inventário de seu corpo, observando onde é que você sente tensão ou mal-estar. Você deve prestar atenção a cada uma das partes do corpo que eu sugerir, observando o seu estado. Começarei pelos pés.

Concentre a atenção nos pés, trazendo-os para dentro do campo da sua consciência. Você está consciente das sensações em seus pés? Sente-os relaxados?... Cansados?... Observe como se sentem. (*Pausa*)

Agora desloque aos poucos a atenção para as pernas, dando-se conta da barriga da perna, dos joelhos e das coxas, observando se você tem alguma tensão ou incômodo nas pernas. (*Pausa*)

Agora passe devagar a atenção para a região genital e as nádegas, percebendo quaisquer sensações ou tensões que tenha nesta área. (*Pausa*)

Leve agora a atenção para o estômago e o plexo solar, dando-se conta de qualquer tensão ou incômodo que tenha nesta área. (*Pausa*)

Fique atento ao seu peito e observe qualquer tensão ou incômodo que possa sentir. (*Pausa*)

Desloque a atenção para as costas e ombros, percebendo qualquer tensão ou incômodo que possa sentir. (*Pausa*)

Em seguida, leve a atenção para os braços, os cotovelos, os pulsos e as mãos, observando se você mantém alguma tensão nos braços e mãos. (*Pausa*)

Concentre agora a atenção no pescoço e no queixo, observando se mantém qualquer frustração, raiva ou tensão nessa área. (*Pausa*)

Leve a sua percepção para os músculos da face, para a testa e a cabeça, observando se tem em sua cabeça alguma tensão ou incômodo. (*Pausa*)

Agora que você fez o inventário de todo o corpo, escolha uma área onde se concentrar na qual haja tensão e incômodo. (*Pausa*) Muito bem.

Agora imagine para si mesmo uma caixa onde possa lançar todas as imagens, palavras, pessoas, lembranças, atitudes e expectativas que estão guardadas em seu corpo. Ponha-a perto de si. (*Pausa*) Agora, diga mentalmente para si mesmo: "Eu poderia me sentir perfeitamente bem neste momento, não fosse por..." e deixe emergir, uma a uma, cada imagem, palavra, pessoa, lembrança e expectativa que esteja acumulada em seu corpo. À medida que cada imagem surge, coloque-a dentro da caixa, sem censura ou explicação. Continue a fazer isso até abrir espaço para si mesmo. Comece. "Eu poderia me sentir perfeitamente bem neste momento, não fosse por..." (*Pausa de 3 minutos*) Agora ponha a tampa na caixa e peça a um aliado ou guia que venha e utilize a caixa e o seu conteúdo de um modo que seja benéfico à terra. (*Pausa*). Uma vez mais concentre a atenção no corpo e observe como se sente. Veja se foi capaz de abrir espaço para si. Desfrute esta sensação. (*Pausa de 1 minuto*) Agora vou contar até dez. Suavemente comece a retomar à plena consciência desperta. Junte-se a mim quando eu chegar a seis, abrindo os olhos em dez, sentindo-se relaxado e alerta.[4]

EXERCÍCIO 28

O cérebro como um sistema de recuperação

IDADE: de 12 anos à idade adulta
TEMPO: 3 – 5 minutos

Os alunos podem usar este exercício quando estão estudando para uma prova. Ele é um recurso ótimo para trabalhar com a memória.

Feche os olhos e concentre a atenção na respiração. Dê a si mesmo a sugestão de que a cada expiração o seu corpo fica mais e mais relaxado. (*Pausa*)

Leve agora a sua atenção para o cérebro e perceba o peso, o tamanho e a criatividade do seu cérebro. Imagine o seu cérebro como o organismo intrincado e complexo que é, pulsando com informações. (*Pausa*) No seu cérebro está guardado tudo o que você já ouviu, leu, estudou, viu, fez ou sentiu. O que você tem a fazer é sugerir ao seu cérebro que faça-o lembrar de tudo que é necessário para ser bem-sucedido nesta prova. Você é capaz de examinar o arquivo onde guardou a matéria na qual será submetido a prova. Compreenderá absolutamente tudo que encontrar no arquivo e poderá utilizar esses dados para si e em benefício dos outros. Use o próximo minuto para dialogar com o seu cérebro. (*Pausa de 1 minuto*)

Agora vou contar até dez. Abra os olhos em cinco, sentindo-se relaxado, alerta e com total lembrança do conteúdo de seu cérebro. Um... dois... três... quatro... cinco.

11

A busca da identidade

⊗ ⊗ ⊗ ⊗ ⊗ ⊗ ⊗

Nesta sociedade, temos poucos rituais para assinalar o fim da infância e o início da idade adulta. Queremos que nossos adolescentes assumam cada vez mais responsabilidade por suas vidas, na escolha de empregos, de namorados e de colégios, mas não deixamos de tratá-los como crianças. Nós os castigamos, negando-lhes regalias, quando pensamos que não estão se comportando como adultos responsáveis.

Os adolescentes são principiantes. Estão enfrentando, pela primeira vez, muitas experiências e problemas de adultos. Subitamente, se vêem diante de problemas tão diferentes quanto o significado dos papéis masculino e feminino, a identidade e a atividade sexual, preocupações financeiras, seguro de automóvel, candidatar-se a empregos, decisões sobre o colégio e sobre sair de casa e tentar entender quem são. Além disso, ainda queremos que jogem o lixo fora e façam todos os deveres na hora. Eles precisam de toda a nossa compreensão, orientação, paciência e estímulo, e, naturalmente, também queremos a sua cooperação e respeito. O que em geral ocorre é uma luta emocional pela supremacia.

Para encontrar a sua própria identidade, os adolescentes freqüentemente repelem as figuras dos pais e de outras autoridades e contam com o apoio e conforto dos amigos. Na adolescência, de 16 a 19 anos, a busca da própria identidade se intensifica. É esta mesma busca que atemoriza pais e professores e os torna mais restritivos.

O adolescente se defronta com a necessidade de afirmar sua vontade de conhecer a própria identidade, e receia que, se o fizer, perderá o amor dos pais. A mensagem que está por trás disso é: "Posso correr o risco de afirmar quem eu sou, ou tenho de me conformar em ser amado por vocês?" Como disse Brett, de dezessete anos: "Quero que meu pai compreenda que sou jovem apenas uma vez e preciso experimentar. Não estou tentando exasperá-lo. Apenas tenho a necessidade de pesquisar."

Outros adolescentes se sentem culpados em relação à dicotomia entre o eu que mostram aos pais e professores e o eu que está estudando diferentes papéis com os amigos. Tim, de dezoito anos, diz: "Quero que meus pais saibam quem realmente eu sou. Eles pensam que eu sou bonzinho." Os pais não estão menos confusos que os filhos. Uma hora estamos querendo prendê-los, e momentos depois não vemos a hora de soltá-los.

Eu mesma me vi me transformando numa mãe cada vez mais exigente, quando meu filho se preparava para ir para a faculdade. Durante o último ano que passou na escola secundária, tentei impor uma lei marcial cada vez mais rigorosa em relação a chegar cedo, até que Brendan me chamou a atenção para o fato de que ele podia ficar fora até mais tarde quando estava na nona série! Compreendi, então, que eu estava apreensiva não apenas em relação ao comportamento que ele e seus amigos estavam adotando, mas também em relação ao seu crescimento e afastamento da família.

Dizer adeus a uma relação dependente e tentar encontrar uma nova maneira de se relacionar baseada na independência são as tarefas do adolescente de mais idade, assim como dos pais ou do professor. E não é fácil. Este é um período de muitas emoções mescladas. Para os filhos, a alegria, as expectativas e a liberdade que associam à passagem para a idade adulta estão misturadas com o medo de se afastar da segurança e da proteção do lar. Os pais se perguntam se incutiram todos os valores "certos" e prepararam o filho ou a filha de maneira suficientemente boa para a vida. Os professores se preocupam em saber se prepararam os alunos de modo adequado para os estudos futuros ou os deveres profissionais. Pais e professores têm também que haver-se com sentimentos de perda quando os adolescentes amadurecem e se afastam do convívio diário deles.

Esta é uma fase difícil para o adulto que não tem consciência do necessário distanciamento pelo qual o adolescente deve passar. Os adultos muitas vezes podem se sentir rejeitados, impotentes e não-amados, e se perguntam o que aconteceu com a relação afetuosa que existia entre a criança e o adulto. Lembre-se de que esta é uma fase necessária de desenvolvimento e não durará para sempre. Quanto mais espaço você der às crianças para encontrar a sua própria identidade, mais elas irão querer compartilhá-la com você – no momento certo.

Como se afastar da identificação excessiva

Os adolescentes muitas vezes ficam absorvidos por uma coisa ou outra, tornando-se cegos a tudo o que está fora do campo de sua paixão particular. Esta pode ser a música, a moda, o sexo oposto, a imagem do corpo, o atletismo ou uma crença. Não há nada de errado nisto. A coisa em si pode ser, na verdade, inteiramente positiva. Se nos identificamos com a verdade, integramos essa qualidade em nossa vida. Essa identificação, no entanto, quando levada ao extremo, pode bloquear a possibilidade e a viabilidade de qualquer outro sentimento, sensação ou pensamento.[1]

Os adolescentes apegam-se tenazmente à própria identidade, ao modo como vêem a si mesmos e como desejam ser vistos pelos outros. A intensidade de seus sentimentos e idéias por vezes faz com que sejam vistos de uma forma muito limitada não apenas por si mesmos, mas também pelos outros. Precisamos ensinar-lhes a dar um passo atrás e chegar a uma visão de perspectiva de si mesmos. Nesse sentido, um exercício proveitoso é ''Santuário'' (Exercício 30). Ele proporciona aos adolescentes a oportunidade de alterar o seu ritmo, ir para um lugar dentro de si mesmo, um lugar seguro e livre da intensidade dos sentimentos juvenis, e encontrar um centro tranqüilo e uma sensação de paz interior.

Alex, de dezessete anos, escreve:

> Fui ao labirinto de Ojai e olhei para o vale e o mar, que é sempre uma fonte de calma para mim. Ele parecia próximo devido à sua imponência, e de longe a sua imensidão e quietude me acalmam. Demorei para encontrar este lugar. Inicialmente, escolhi o meu quarto, mas ali havia distrações demais. Depois voltei ao local de um grande sonho que tive na noite anterior, mas não pude ter ali nenhum pensamento original, porque a minha mente ficou vagando de volta ao sonho. Percebi o vento de outono e senti o perfume das árvores.

Outro exercício que nos ajuda a reconhecer sentimentos e a expressá-los, em vez de ficarmos identificados demais com eles, é o chamado Boletim Meteorológico. Faça o seu filho ou seus alunos traçar um grande círculo, dividindo-o em quatro quadrantes. Pergunte a eles como estão se sentindo no momento – mental, emocional e fisicamente. Em seguida, eles anotam um sentimento em cada um dos quadrantes e escolhem dois ou mais sentimentos para explicar.

Na parte de baixo do papel eles escrevem: "Eu me sinto ________ porque...", explicando como se sentem e por que se sentem assim. Eis aqui um exemplo, de David, um rapaz de dezesseis anos:

> Sinto-me exausto porque, se quiser dormir o bastante, não faço todos os meus deveres escolares. E as minhas relações pessoais sofrem porque não tenho tempo para elas.
>
> Sinto-me atrapalhado porque minha irmã está vindo para casa. A última vez que a vi compreendi uma porção de coisas negativas sobre a nossa relação, e não quero cair nisso outra vez.
>
> Sinto-me amistoso porque este ano fiz novos amigos. As pessoas gostam de mim e me aceitam mais do que eu esperava. Estou contente.
>
> Sinto-me fora de sincronia comigo mesmo porque meu corpo está tão cheio de energia sexual que não sei o que fazer.

A expressão desses sentimentos ajuda o adolescente a aceitá-los, a contê-los e a compreendê-los para que eles não dirijam mais a sua vida. Ajuda-o também a ver que pode ter ao mesmo tempo sentimentos conflitantes. David se sentia amistoso, embora, simultaneamente, se sentisse atrapalhado em relação aos seus sentimentos pela irmã. A identificação dos sentimentos diminui o controle que eles exercem sobre o nosso comportamento.

A busca de sentido

Os adolescentes sentem uma enorme aflição com a situação em que se encontram as coisas no mundo e ficam indignados com as pessoas mais velhas por nos terem metido na confusão em que nos encontramos. Muitas vezes passam por uma crise existencial e a expressam em desespero. "Para que serve a vida? Qual o seu sentido? O que quer que eu faça não tem importância, pois, afinal de contas, estamos a caminho da destruição."

No período de nossa história em que Bobby Kennedy e Martin Luther King, Jr. foram assassinados, trabalhei como consultora de adolescentes que usavam drogas. Fiquei profundamente tocada com a reação dos garotos a essas mortes e com o seu sentimento de que a vida estava fora de controle e eles não podiam fazer nada a respeito. "Que diferença faz se eu parar de usar drogas, quando pessoas como Martin Luther King, Jr., que estava tentando com tanta dificuldade tornar as coisas melhores para os homens, são assassinadas? Que chances eu tenho de realmente provocar um impacto no mundo?"

Nossa tarefa como pais e educadores é proporcionar aos nossos filhos e alunos uma valorização do potencial positivo da vida e dar-lhes a esperança de que podem influir na mudança. Muitos adolescentes de mais idade começam a questionar sua relação e responsabilidade para com o mundo e a desconfiar dos caprichos das circunstâncias da vida que estão além do seu controle. Eles fazem perguntas deste tipo: "O nosso destino é controlado por alguma força externa ou temos controle sobre ele?" "É o Universo algo que devemos temer?" "Há um Espírito, uma Divindade ou Fonte exterior? Que influência ela exerce em nossas vidas?"

Estas perguntas existenciais da juventude podem ser resolvidas considerando-se o que está além de nossos "pequenos eus locais", no domínio transpessoal. Isto acarreta uma busca de sentido, uma busca de valor e uma ligação mais profunda com o eu autêntico.

Esta exploração do eu pode ser experimentada como um sentimento de "unidade" com a natureza ou com outros seres vivos. Ouvi alguns alunos da minha turma de último ano no colegial descrevê-lo assim: "Quando a minha máscara cai, a minha guarda baixa e compreendo que você e eu somos um só. Não há separação; você tem os mesmos medos, os mesmos desejos e as mesmas necessidades que eu."

Os corredores e esquiadores atingem uma "experiência culminante" quando eles se fundem ao seu meio ambiente e o movimento se faz sem esforço. Esta compreensão visceral de que o meio ambiente e o eu atuam juntos em harmonia é um poderoso freio contra o uso abusivo da natureza e de outros seres vivos, e fomenta o desenvolvimento de uma consciência planetária. Como disse John Muir: "Se arrancamos uma flor, descobrimos que ela está ligada a todas as coisas no Universo."

A busca de uma ligação mais profunda com o eu ajuda os adolescentes mais velhos a compreenderem a sua própria sabedoria íntima e a reconhecer que eles têm dentro de si todas as respostas, se tiverem tempo de se concentrar, aquietar a mente e ouvir. O "Aliado Interior" (Exercício 16) estimula o participante a encontrar dentro de si um ser sábio que proporciona orientação e apoio e que pode ter respostas para as perguntas pessoais. Eis a seguir a reação de Erinn, uma moça de dezessete anos, a este exercício:

> Meu espírito era antes um sentimento, uma proteção que me envolvia. Ele me fez entrar na caverna de cristais e eu senti uma emoção muito intensa. Lágrimas corriam pela minha face, como se eu estivesse me libertando. Eu queria pegar o meu espírito, buscando conforto, mas meu espírito não era um objeto, embora eu o pudesse sentir. Precisando de alguma coisa para agarrar a fim de me proteger, procurei alcançar um cristal e peguei-o, sentindo que meu espírito dera uma parte de si mesmo ao meu cristal. Meu espírito me disse que me livrasse dos meus medos de incapacidade. Disse-me que eu tinha uma falsa imagem de mim mesma, e que eu era realmente muito mais forte do que pensava. Disse-me também que eu devia enfrentar minha mãe e gritar com ela, porque eu sempre estava dando em vez de receber. Sou a mãe da minha mãe e do meu irmão, e meu espírito disse-me que eu tinha responsabilidades demais. Disse-me que eu precisava, de vez em quando, agir como uma criança a fim de soltar minhas tensões.

Este tipo de diálogo interior pode ajudar os participantes a soltar suas tensões, conquistar um sentimento novo de autoconfiança e aceitação de si mesmos e compreender que não estão sozinhos no mundo. Pode também proporcionar ao adolescente uma experiência concreta da esfera transcendente e um ponto de partida para iniciar explorações mais profundas. Matt, de dezoito anos, escreveu:

> O encontro com o meu aliado influenciou-me intensamente; enquanto antes não chegara a considerar esta possibilidade, estou hoje a caminho de acreditar. Posso não acreditar num poder exterior, mas acredito na consciência deste organismo total e belo a que chamamos Mãe Terra. Ele me diz respeito e planejo estudá-lo. Deixá-lo em suspenso agora seria cometer uma injustiça ao meu aliado e a mim.

A criança interior encontra-se com o eu ampliado

Antes de despedir-se da adolescência e saltar, com uma confiança cega, para a idade adulta, é útil estabelecer contato com a criança interior para compreender nossa continuidade e responsabilidade para com o futuro. Quando temos a oportunidade de reviver o amor e a aceitação que experimentamos como criança, ou a falta disso, nós nos lembramos de quem somos. Saber de onde viemos ajuda-nos a escolher para onde ir, e através das imagens mentais dirigidas podemos sanar qualquer conduta irregular que tenha raízes na tenra infância.

"A Criança Interior" (Exercício 32) pode fazer o adolescente se lembrar do mistério, da maravilha e da beleza da vida, e da curiosidade, da liberdade e da criatividade da infância. Um sonho do passado pode se reacender; uma relação pode ser compreendida e restabelecida; um problema da personalidade pode se apresentar para ser solucionado. Para realizar todo o nosso potencial, cada um de nós deve chegar a um acordo com o passado, aprendendo com ele, e avaliar como cada parte da nossa história pessoal influencia o nosso presente e futuro coletivos.

Somos mais do que nossos corpos, mentes, emoções, nossas necessidades, desejos e sonhos pessoais. Temos uma natureza superior e transcendente, e fazemos parte de uma espécie que está paulatinamente evoluindo no sentido da totalidade. A criança pequena não está separada desse eu transcendente, mas o adolescente, em busca do conhecimento racional e intelectual do mundo, acaba se distanciando de sua natureza espiritual. As imagens mentais dirigidas dão aos adolescentes uma oportunidade valiosa de sanar esta dicotomia entre mente e coração.

Através do contato com o eu ampliado, é possível lançar um olhar para o futuro e ter uma idéia geral do nosso lugar no todo. O eu ampliado é a parte do eu que já alcançou seu pleno potencial, o projeto que se converteu em realidade. Realizar o exercício "O Eu Ampliado" (Exercício 33) pode dar origem a uma percepção capaz de modificar as atitudes dos adolescentes em relação a si mesmos e ao mundo à sua volta. Depois disso, eles podem ver a realidade de modo diferente, valorizar a vida a partir de uma nova perspectiva e perder o medo do futuro.

Minha conversa com o meu eu ampliado tem-me sido uma fonte de beleza, de inspiração e de energia, especialmente durante os períodos em que duvido de mim mesma.

> Uma senhora idosa caminhou na minha direção sorrindo, com os cabelos brancos presos em coque no alto da cabeça. Minha primeira impressão foi da sua força. Ela tocou o meu rosto com a sua mão forte e enrugada, e eu senti, mais do que vi, profunda compaixão nos seus olhos. Observei sua sala, semelhante a um atelier de teto alto e paredes de adobe branco. Tudo era muito simples. Da parede pendia uma bonita tapeçaria de tonalidades delicadas que ela tecera em seu tear. Mostrou-me vasos de cerâmica translúcida, fina como papel, que acabara de cozer. Eles resplandeciam. Ela estava resgatando um antigo processo alquímico. Os vasos eram frágeis como cascas de ovo, delicados embora firmes, à semelhança do equilíbrio que todos devemos ter para caminhar na vida. Ela se aproximou de mim e me disse que havia ainda muito trabalho a fazer. Mostrou-me muitos grupos de pessoas que estavam esperando do lado de fora. Elas formavam ondas iguais aos anéis de água num lago depois de nele ter sido arremessada uma pedra. Quando parti, ela pôs uma pequena pedra branca na minha mão. Enquanto voltava, ainda sentia sua mão no meu rosto.

Finalmente, se de fato é verdade que ensinamos aquilo que precisamos aprender, então ainda preciso me concentrar, relaxar o meu corpo, tranqüilizar a minha mente diante das distrações da vida diária, levar-me menos a sério e penetrar mais fundo na esfera de sabedoria e conhecimentos universais onde há esperança, harmonia e unidade cósmica. Este é apenas o começo. Lembre-se de que ensinamos aquilo que somos, e, quando fazemos estes exercícios com nossos filhos, alunos, família e outros adultos, nos tornamos todos como crianças, recuperando o milagre, o mistério e a alegria de tudo isso.

EXERCÍCIO 29

A onda

IDADE: de 5 anos à idade adulta
TEMPO: 5 minutos

Enquanto inspira... e expira, imagine que está sobre uma onda no mar subindo... e descendo... subindo... e descendo. Está em perfeita segurança, quer deitado de costas na água, quer numa balsa ou prancha de surfe ou sentado num barco à vela embalado suavemente pelo movimento do mar. E, continuando a mover-se para cima... e para baixo... para trás... e para a frente, percebe o calor do sol relaxando-o e sente uma suave brisa marinha. Pode dar-se conta da cor do céu, do cheiro do ar marítimo e do barulho das aves do mar sobre você. Percebe uma sensação de calma pelo corpo todo, enquanto sente o suave movimento embalador do mar. Sinta-se apoiado e protegido. (*Pausa de 1 minuto*)

Agora é o momento de voltar. Contarei até três e, quando estiver pronto, abra lentamente os olhos. Um... dois... três.

EXERCÍCIO 30

Santuário

IDADE: de 15 anos à idade adulta
EXERCÍCIO: 10 minutos
CONTINUAÇÃO: 15 minutos

Feche os olhos e comece a concentrar a atenção na respiração, observando o ar entrando e saindo de suas narinas. Dê a si mesmo a sugestão de que, a cada expiração, seu corpo fica cada vez mais relaxado. (*Pausa*) Muito bem. Agora imagine que está viajando através do tempo e do espaço para um lugar que é, para você, um santuário. O santuário é seguro, simples e belo. Pode estar localizado na natureza, nas colinas ou perto do mar; pode estar no quarto de sua casa ou em qualquer lugar de sua própria escolha, onde você se sinta seguro e protegido. Vá lá agora e sinta as cores, as texturas, os cheiros, os sons, os sabores e como o seu corpo fica nesse lugar. Você terá alguns minutos contados no relógio, que é todo o tempo de que precisa para se relaxar neste santuário. (*Pausa de 3 minutos*)

Agora é hora de voltar para cá, trazendo consigo a sensação de segurança e proteção que sentiu no seu santuário, pronto para desenhá-lo ou escrever sobre ele. Logo contarei até cinco. Abra os olhos no cinco, sentindo-se relaxado e alerta. Um... dois... três... quatro... cinco.

NOTA: Durante este exercício de imagens mentais, pode ser conveniente tocar *Sojourn: Music of the Spirit for Piano and Orchestra* ou *Gimnosphere of the Rose.*

Reações ao exercício do santuário

O meu santuário é uma clareira fechada, cercada de palmeiras e de outras plantas verdes e cortada por um regato; algumas pedras grandes formam um lugar de repouso perto do regato. O lugar é silencioso, a não ser pelo rumor dos pássaros e do regato. Um pequeno pagode de pedra está situado do outro lado do regato. Meu aliado, a raposa, está deitado a meu lado. Circula uma brisa fresca. O céu azul é visível, bem como algumas nuvens brancas, encapeladas e claras acima da abertura no alto das árvores. Parece a fusão perfeita da natureza com um jardim feito pelo homem.

– Matt, dezoito anos

OBSERVAÇÃO AOS PAIS

O Exercício 31 pode dar início a uma discussão sobre o nascimento de um filho e quem assistiu a esse nascimento. Concentre-se na excitação ligada ao nascimento do seu filho, e não nos detalhes relacionados com a dificuldade do processo do parto. Algumas crianças e alguns adolescentes têm uma lembrança muito precisa do seu nascimento, e se lembrarão dos parentes ou vizinhos que estavam lá para saudar a sua chegada.

OBSERVAÇÃO AOS PROFESSORES

Este é um bom exercício para ser realizado com alunos do terceiro ano colegial, que estão chegando a viver o problema do afastamento dos pais e da comunidade escolar. No exercício de imagens mentais, eles podem experimentar um vínculo com um dos pais, um avô, um parente ou amigo que não tem visto há muitos anos. Muitas emoções podem ser liberadas. Eles sentem como eram especiais quando recém-nascidos, e podem começar a falar dos seus medos e esperanças com relação a uma vida separada dos pais e dos amigos quando forem para a faculdade ou o trabalho. Podem também sentir o seu próprio potencial e ter uma idéia do que desejam fazer com suas vidas.

EXERCÍCIO 31

Como conhecer o seu potencial

IDADE: de 17 anos à idade adulta
EXERCÍCIO: 10 minutos
CONTINUAÇÃO: 15 – 20 minutos

Feche os olhos e comece a concentrar a atenção na respiração. Perceba o ar entrando e saindo de suas narinas. Dê a si mesmo a sugestão de que, a cada expiração, seu corpo se tornará cada vez mais relaxado. Muito bem. Hoje iremos viajar através do tempo (dezessete ou dezoito anos) para a época imediatamente posterior ao seu nascimento. Seus pais o trouxeram para casa e você está deitado no berço, ouvindo as vozes das pessoas amadas em volta de você. Eles estão felizes por você estar ali; esperaram por muito tempo o seu nascimento. Você se sente como um nenezinho de pele macia, mãos e pés pequeninos, percebendo as cores, as formas e os sons ao seu redor. Alguém – talvez sua mãe, seu pai, seu avô ou um amigo – se debruça e o pega no colo, apoiando sua cabeça e seu corpo. Esta pessoa o estreita em seus braços e você se sente protegido, apoiado e acariciado. Essa pessoa começa a dizer o quanto o ama e o acolhe na sua vida. Enquanto ouve, você se sente amado e toma consciência do seu potencial nesta vida. Você tem três minutos contados no relógio, que é todo o tempo de que precisa para ouvir essa pessoa, sentir o seu apoio e conhecer o seu próprio potencial. Comece. (*Pausa de 3 minutos*)

Agora abandone essa imagem e volte no tempo à sua idade atual. Traga consigo o reconhecimento de quem você é e o sentimento de amor e apoio que experimentou. Contarei até dez. Junte-se a mim quando eu chegar ao seis, abrindo os olhos no dez, sentindo-se relaxado e alerta. Um... dois... três... quatro... cinco... seis... sete... oito... nove... dez.

A criança interior e o eu ampliado

Saiba que é verdade que bem lá no fundo de você ainda existe uma criancinha que não sabe que já cresceu. Saiba também que dentro de você vive o seu eu ampliado, o eu que alcançou todo o potencial, o seu sábio ou a sua sábia. Nos próximos exercícios, você entrará em contato não apenas com a sua criança, mas também com o seu ser ampliado, aprendendo a partir da curiosidade e da admiração da criança e da sabedoria e conhecimento do ancião. Terá a oportunidade de ajudar a sua criança, de modo a poder sanar quaisquer modelos ou atitudes nocivas que tenha de fato aprendido na infância.

OBSERVAÇÃO AOS PAIS E AOS PROFESSORES

Dê aos adolescentes de 10 a 15 minutos para que desenhem ou escrevam sobre o Exercício 32 antes de discuti-lo. Eles podem sentir uma variedade de emoções – tristeza ou alegria por causa da menina ou do menino que ficaram para trás, reminiscências de liberdade, prazer e curiosidade, ou uma vontade intensa de ser outra vez pequeno. Para alguns pode ocorrer uma verdadeira cura, se tiverem sido capazes de agüentar a criança interior. Use o tempo que puder para discutir as experiências deles, antes de passar para a parte seguinte deste exercício. A limitação do tempo pode exigir que deixe a parte seguinte do exercício para outra sessão.

EXERCÍCIO 32

A criança interior

IDADE: de 15 anos à idade adulta
EXERCÍCIO: 10 – 15 minutos
CONTINUAÇÃO: 15 minutos

Feche os olhos e comece a acompanhar a sua inspiração e expiração através das narinas. Enquanto segue o movimento da respiração, deixe o corpo relaxar. A cada expiração, o seu corpo se torna cada vez mais relaxado. Agora prepare-se para acolher a sua criança quando ela surgir. Ela pode ter cinco, oito ou dez anos, ou qualquer idade apropriada para o momento. Também pode mudar de idade durante a visita. Abra a sua mão predominante (aquela com que escreve) para apertar a mão da sua criança quando ela chegar, e sinta o contato da mão dela na sua. Dentro dos próximos momentos, a criança aparecerá. Comece a interagir com ela quando ela surgir, deixando-a assumir o comando. Seja o amigo mais velho da sua criança, o amigo que ela sempre quis. Se ela quiser levá-lo para o seu esconderijo secreto, ou para o zoológico, ou para o seu quarto a fim de brincar com ela, acompanhe-a. Ela pode querer conversar com você ou pedir-lhe que a pegue no colo. Seja atencioso com suas necessidades e desejos e aprenda o que ela tem para lhe ensinar. Você terá cinco minutos contados no relógio, que é todo o tempo de que precisa para ficar com a sua criança. Comece. (*Pausa de 5 minutos*)

Agora é o momento de dizer adeus por enquanto. Agradeça à sua criança pelo tempo que passaram juntos e diga-lhe que em breve lhe pedirá que volte outra vez. (*Pausa*)

Logo vou contar até dez. Junte-se a mim quando eu contar seis, abrindo os olhos no dez, sentindo-se bem relaxado e alerta e pronto para escrever sobre o seu encontro com a sua criança. Um... dois... três... quatro... cinco... seis... sete... oito... nove... dez.

OBSERVAÇÃO AOS PAIS E AOS PROFESSORES

Dê aos adolescentes de 10 a 15 minutos para desenhar ou escrever sobre o Exercício 33 e, em seguida, discuta-o. Muitos adolescentes se surpreendem com a vívida imagem do seu eu ampliado, sentem-se renovados por ele e continuam a apelar para esse "ser sábio" nos momentos de confusão ou quando tomam decisões importantes.

EXERCÍCIO 33

O eu ampliado

IDADE: de 15 anos à idade adulta
EXERCÍCIO: 10 – 15 minutos
CONTINUAÇÃO: 15 minutos

Feche os olhos e comece a acompanhar a sua inspiração e expiração através das narinas. Agora dê a si mesmo a sugestão de que, a cada expiração, seu corpo se torna cada vez mais relaxado. Neste exercício, você chamará do futuro o seu eu ampliado, o eu que chegou ao seu pleno potencial e sabedoria. Novamente abra sua mão predominante para apertar a mão do seu ser sábio. Sinta o contato de sua pele. Quando ele aparecer, comece a se relacionar com ele, aprendendo com sua experiência de vida e sabedoria. Observe os ambientes que ele lhe mostra, as cores, os sons, os aromas e sabores. Você terá cinco minutos contados no relógio, que é todo o tempo de que precisa para estar com o seu eu ampliado. (*Pausa de 5 minutos*)

Agora, leve o seu eu ampliado para se encontrar com a sua criança. Os três se sentam juntos; o seu eu ampliado está segurando você, e você está segurando a sua criança. Sinta a união dos três, o amor, a sabedoria e o poder de todos os aspectos do seu eu. (*Pausa de 1 minuto*)

Agora, deixe a sua criança e o seu eu ampliado na dimensão espaço-temporal deles, sabendo que poderá chamá-los outra vez e que eles estarão sempre ali à sua disposição. (*Pausa*)

Agora tome consciência de quem você é na sua totalidade. Logo contarei até dez. Junte-se a mim quando eu chegar ao seis, abrindo os olhos no dez, sentindo-se relaxado e alerta e pronto para registrar por escrito a sua experiência.

Notas

⊗ ⊗ ⊗ ⊗ ⊗ ⊗ ⊗

UM: *Uma nova visão de nossos filhos*

1. Peter Russell, *The Brain Book*, Nova York, Hawthorne Books, 1979, p. 56. [*O Despertar da Terra – O Cérebro Global*, Editora Cultrix, São Paulo, 1991.]
2. Michael Grady e E. Lueche, *Education and the Brain* [A Educação e o Cérebro], Phi Delta Kappa, Educational Foundation, 1978.
3. Russell, p. 159.
4. Jean Houston, "Consider the Stradivarius" [Considere o Stradivarius], *Dromenon* 1, nº 5-6, fevereiro de 1979, p. 41.
5. Russell, p. 133.

QUATRO: *Aprendendo com todos os sentidos*

1. Ver Richard Bandler e John Grinder, *Frogs into Princes: Neurolinguistic Programming* [De Rãs a Príncipes: Programação Neurolingüística], Moab, Utah: Real People Press, 1979.
2. Este exercício é adaptado para crianças a partir de um exercício de Jean Houston intitulado "Left Brain, Right Brain" [Cérebro Esquerdo, Cérebro Direito], da obra de Robert Masters e Jean Houston, *Listening to the Body: The Psychophysical Way to Health and Awareness* [Ouvindo o Corpo: O Caminho Psicofísico para a Saúde e a Consciência], Nova York: Delacorte, 1978, p. 169.
3. Este exercício é adaptado para crianças a partir de um exercício de Jean Houston intitulado "Cleansing the Rooms of Perception" [Limpando os Quartos da Percepção], usado nos seminários "New Ways of Being" para iniciantes [Novas Maneiras de Ser]. Para maiores informações sobre a obra da dra. Houston, escreva para Box 600, New York, NY 10970.

CINCO: *Aprendizagem verbal* versus *aprendizagem não-verbal*

1. Victor Goertzel e Mildred G. Goertzel, *Cradles of Eminence* [Berços da Fama], Boston: Little, Brown, 1962, p. 251.

SEIS: *Desenvolvendo habilidades através das imagens mentais*

1. Citado em Sheila Ostrander e Lynn Schroeder, *Superlearning* [Superaprendizagem], Nova York, Delacorte, 1979, p. 159.
2. *Ibid.*, p. 158.
3. Este exercício é adaptado para crianças a partir de um exercício de Jean Houston, usado nos seminários "New Ways of Being" para iniciantes [Novas Maneiras de Ser].
4. *Ibid.*

SETE: *Como facilitar a expressão de si mesmo*

1. *New Strategies in Indian Education: Utilizing the Indian Child's Advantages in the Elementary Classroom* [Novas Estratégias na Educação dos Índios: Utilização da Superioridade da Criança Indígena na Escola Primária], Ministério da Educação, Divisão de Educação Especial, Seção de Educação Índia, British Columbia, Canadá, 2-20 de fevereiro de 1981.

OITO: *Uma imagem positiva de si mesmo*

1. *Year End Report: Awareness and Communication throughout the School* [Relatório de Final de Ano: Consciência e Comunicação na Escola], Projeto ESEA IV-C, Los Angeles City Schools, 1981-1982. Disponível no Center for Integrative Learning, 450 West End Avenue, 14B, New York, NY 10014.
2. *Year End Report: Confluent Language Program for K-3 NES/LES Students* [Relatório de Final de Ano: Programa de Linguagem Convergente para Alunos de NES/LES K-3], Projeto ESEA IV-C, Los Angeles City Schools, 1978-1981. Disponível no Center for Integrative Learning (ver nota 1).
3. Maureen H. Murdock, "Meditation with Young Children" [Meditação com Crianças Pequenas], *Journal of Transpersonal Psychology* 10, nº 1 (1978): 39.
4. Os exercícios 18 e 19 são adaptados a partir do exercício de Jean Houston "Mea Machina/Mea Mandala", em *Life Force: The Psycho-Historical Recovery of the Self* [Força Vital: A Reconquista Psico-histórica do Eu], Nova York: Dell, 1980, pp. 172-178.

NOVE: *Harmonia interior e exterior*

1. Lawrence LeShan, *How to Meditate: A Guide to Self-Discovery* [Como Meditar: Um Guia para a Descoberta de Si Mesmo], Boston: Little, Brown, 1974, p. 37.
2. Center for Attitudinal Healing, *There Is a Rainbow Behind Every Dark Cloud* [Há um Arco-íris por trás de toda Nuvem Negra], Millbrae, Calif., Celestial Arts, 1978, p. 63.
3. Paul D. MacLean, M.D., "A Mind of Three Minds: Educating the Triune Brain" [Uma Mente de Três Mentes: Educando o Cérebro Triuno], em *Education and the Brain* [A Educação e o Cérebro], Chicago: National Society for the Study of Education, 1978, p. 340.
4. Este exercício é adaptado para crianças a partir de um exercício intitulado "Heart Meditation" [Meditação do Coração], em Bernard Gunther, *Energy, Ecstasy* [Energia, Êxtase], Los Angeles: Guild of Tutors Press, 1978, p. 62.

DEZ: O ingresso na adolescência

1. Abraham H. Maslow, *Toward a Psychology of Being* [Rumo a uma Psicologia do Ser], Nova York: Van Nostrand Reinhold, 1968, pp. 199-200.
2. Eugene T. Gendlin, *Focusing* [Focalização], Nova York: Bantam Books, 1978, p. 10.
3. Herman T. Epstein, "Growth Spurts during Brain Development" [Saltos de Crescimento durante o Desenvolvimento Cerebral], *NSSE Yearbook*, Parte 2, 1978, pp. 343-370.
4. Adaptado da obra sobre focalização de Eugene T. Gendlin.

ONZE: *A busca da identidade*

1. Diana Whitmore, *Psychosynthesis in Education* [Psicossíntese em Educação], Rochester, Vt.: Destiny Books, 1986, p. 151.
2. Os exercícios 32 e 33 são adaptados para adolescentes a partir de exercícios de Jean Houston usados nos seminários "New Ways of Being" para iniciantes [Novas Maneiras de Ser].

Bibliografia

⊗ ⊗ ⊗ ⊗ ⊗ ⊗ ⊗

Além dos livros e artigos arrolados nas Notas, as seguintes obras deram preciosa contribuição para a elaboração do presente trabalho.

LIVROS

Argüelles, José e Miriam. *Mandala*. Berkeley: Shambhala Publications, Inc. 1972.

Bell, Ruth e Leni Zeiger Wildflower. *Changing Bodies, Changing Lives* [Mudança de Corpos, Mudança de Vidas]. Nova York: Random House, 1980.

______. *Talking with Your Teenager: A Book for Parents* [Conversando com seus Adolescentes: Um Livro para os Pais]. Nova York: Random House, 1983.

Buzan, Tony. *Use Both Sides of Your Brain* [Use Ambos os Lados de seu Cérebro]. Nova York: E. P. Dutton & Co., 1976.

Feild, Reshad. *The Last Barrier* [A Última Barreira]. Nova York: Harper & Row, 1976.

Feldenkrais, M. *Awareness through Movement: Health Exercices for Personal Growth* [Consciência pelo Movimento: Exercícios Saudáveis para o Crescimento Pessoal]. Nova York: Harper & Row, 1972.

Galyean, Beverly-Colleene. *Mind Sight: Learning through Imaging* [Visão Mental: Aprendizagem pela Imaginação]. Long Beach, Calif., Center for Integrative Learning, 1983. Pode ser adquirido mediante correspondência ao Center for Integrative Learning, 450 West End Avenue, nº 14B, N.Y.C. 10024.

Gardner, Howard. *Frames of Mind: The Theory of Multiple Intelligences* [Estruturas da Mente: A Teoria das Inteligências Múltiplas]. Nova York: Basic Books, 1983.

Goertzel, Victor e Mildred G. Goertzel. *Cradles of Eminence* [Berços da Fama]. Boston: Little, Brown, 1962.

Hampden-Turner, Charles. *Maps of the Mind* [Mapas da Mente]. Nova York: Collier Books, 1981.

Hendricks, Gay e Thomas B. Roberts. *The Second Centering Book: More Awareness Activities for Children, Parents and Teachers* [Segundo Livro de Concentração: Mais Atividades da Consciência para Crianças, Pais e Professores]. Englewood Cliffs, N.J. Prentice-Hall, 1977.

Houston, Jean. *The Possible Human: A Course in Extending Your Physical, Mental, and Creative Abilities.* Los Angeles: J. P. Tarcher, 1982. [*A Redescoberta do Potencial Humano: Curso para desenvolver suas capacidades físicas, mentais e criativas*, Editora Cultrix, São Paulo, 1992.]

Leonard, George. *The Silent Pulse* [A Emoção Silenciosa]. Nova York: E. P. Dutton, 1978.

Machado, Luís Alberto. *The Right to Be Intelligent* [O Direito de ser Inteligente]. Nova York: Pergamon Press, 1980.

Maslow, Abraham H. *Religions, Values and Peak-Experiences* [Religiões, Valores e Experiências Culminantes]. Nova York: Penguin Books, 1970.

Masters, Robert e Jean Houston. *Listening to the Body: The Psychophysical Way to Health and Awareness* [Ouvindo o corpo: O caminho psicofísico para a saúde e a consciência]. Nova York: Delacorte, 1978.

_____. *Mind Games: The Guide to Inner Space* [Jogos Mentais: Guia para o Espaço Interior]. Nova York: Dell, 1973.

Pearce, Joseph Chilton. *The Crack in the Cosmic Egg* [A Ruptura do Ovo Cósmico]. Nova York: Washington Square Press, 1973.

_____. *Magical Child* [A Criança Mágica]. Nova York: Bantam, 1980.

_____. *Magical Child Matures* [A Criança Mágica Amadurece]. Nova York: Dutton, 1985.

Pietsch, Paul. *Shufflebrain: The Quest for the Holographic Mind* [Cérebro Confuso: A Busca da Mente Holográfica]. Boston: Houghton Mifflin Co., 1981.

Restak, Richard M. *The Brain: The Last Frontier* [O Cérebro: A Última Fronteira]. Nova York: Warner Books, 1979.

Rozman, Deborah. *Meditation for Children* [Meditação para Crianças]. Millbrae, Calif.: Celestial Arts, 1976.

_____. *Meditating with Children* [Meditando com as Crianças]. Boulder Creek, Calif.: University of the Trees Press, 1975.

Sagan, Carl. *The Dragons of Eden* [Os Dragões do Eden]. Nova York: Random House, 1977.

Samples, Bob. *Mind of Our Mother* [A Mente de Nossa Mãe]. Reading, Mass.: Addison-Wesley Publishing, 1981.

Sendak, Maurice. *Where the Wild Things Are* [Onde as Coisas Simples Estão] Nova York: Penguin Books, 1963.

Steiner, Rudolf. *Soul Economy and Waldorf Education* [Economia da Alma e Educação de Waldorf]. Nova York: Anthroposophic Press, 1986.

Tobias, Sheila. *Overcoming Math Anxiety* [Vencendo a Ansiedade da Matemática]. Boston: Houghton Mifflin Co., 1978.

REVISTAS

Brain/Mind Bulletin, P.O. Box 42211, 4717 N. Figueroa Street, Los Angeles, CA 90042.

Journal of Humanistic Psychology, 325 Ninth Street, San Francisco, CA 94103.

Journal of Transpersonal Psychology, P.O. Box 4437, Stanford, CA 94305.

On the Beam, New Horizons for Learning, P.O. Box 51140, Seattle, WA 98115.

Gravações sugeridas

⊗ ⊗ ⊗ ⊗ ⊗ ⊗ ⊗

Estas músicas podem ser tocadas como música de fundo para os exercícios de imagens mentais.

Callings, Paul Winter, Living Music Foundation, Box 68, Litchfield, CT 06759.

Canon in D, Pachelbel, RCA Victrola, VICS-1687.

Caverna Magica, Andreas Vollenweider, CBS, 1983.

The Changer and the Changed, Chris Williamson, Olivia Records, 4400 Market Street, Oakland, CA 94608.

Chariots of Fire, Vangelis, Polydor PD-1-6335.

Deep Breakfast, Ray Lynch, Ray Lynch Productions, 1984.

Environment Series do selo Atlantic (Syntonic Research Series): sons da natureza – pássaros, praia, campo, chuva, trovoadas, etc.

The Four Seasons (As Quatro Estações), Vivaldi, Angel S-37053, com Itzak Perlman.

Golden Voyage, Ron Dexter, Awakening Productions, 4132 Tuller Avenue, Culver City, CA 90230.

Gymnosphere: Song of the Rose, Jordon de la Sierra, Unity Records, Box 12 Corte Madera, CA 94925.

Heaven and Hell, Vangelis, RCA LPL-1-5110.

Ignacio, Vangelis, Egg Records (900.531) P-1977 Pema Music, Distribuição C.P.F.

India, Kitaro, Griffin Recording. Produzido por Takananri para Sound Design Inc., Warner Bros., Inc., 1985.

Inside II, Paul Horn, EPIC KE 31600.

Millennia, Kitaro, Sound Design.

The Moldau, Smetana, George Szell, Columbia Stereo Y30049.

Music for Zen Meditation and Other Joys, Verve V6-8634.

Oxygene, Jean-Michel Jarre, Polydor PD-1-6112.

Passages, William Ackerman, Windham Hill Records.

Pianoscapes, Michel Jones, 28 Carey Road, Toronto, Ontario, M3H 3B3.

Reflections, Alan Stivell, Fontana.

Renaissance of the Celtic Harp, Alan Stivell, Aplause by Phillips.

Sakura, música para flauta e harpa baseada em melodias japonesas, Jean-Pierre Rampal e Lily Laskine, Columbia M-34568.

Sky of Mind, Ray Lynch, Ray Lynch Productions, 1984.

Sojourn: Music of the Spirit for Piano and Orchestra, Search for Serenity, 180 W. 25 Street, Upland, CA.91786-1113.

Spectrum Suite and Ancient Echoes, Steve Halpern, Spectrum Research Institute, 620 Taylor Way, nº 14, Belmont, CA 94002.

The Way In Is the Way Out, Marti Glenn e Leslie Spilsbury, Visionary Press, 7321 Lowell Way, Goleta, CA 93117.

A CRIANÇA

ERICH NEUMANN

A esta obra sobre a criança, sobre a estrutura e a dinâmica da personalidade em formação, o grande psicólogo Erich Neumann dedicou-se até o final da sua vida. Sua análise chega até o estágio de desenvolvimento e do amadurecimento infantil em que a criança vive numa realidade unitária, caracterizada pela ausência de polarização entre os aspectos masculino e feminino.

Em *A criança*, Neumann não responde apenas à importante questão acerca dos motivos pelos quais a "relação primal" é tão decisiva em nossa vida, mas traz à luz o padrão do nosso comportamento social, no qual a polaridade da psique pode ser observada nas imagens primordiais do matriarcado e do patriarcado.

O capítulo sobre as etapas do ego no desenvolvimento humano é particularmente esclarecedor, provando por que as idéias originais deste livro têm um significado decisivo para a compreensão da criança dos nossos dias. Obra valiosa para pais, psicólogos e professores, interessa igualmente a todos quantos se preocupam em conhecer os processos através dos quais a criança inicia gradualmente o desenvolvimento da consciência, que culmina com a consciência adulta polarizadora.

EDITORA CULTRIX

O DESENVOLVIMENTO DA CRIANÇA E DO ADOLESCENTE

Sidney A. Manning

As pesquisas recentes acerca do desenvolvimento da criança (ou "psicologia do desenvolvimento") responderam a muitas perguntas antigas e suscitaram outras tantas, novas. Qual a importância das experiências iniciais do indivíduo sobre seu desenvolvimento ulterior? O que poderemos aprender dos estudos de transculturação? Qual a importância da hereditariedade? Ou do meio ambiente? E as perguntas de ordem prática: Falta de disciplina é pior que excesso dela? Em que idade "deveria" a criança aprender a ler, a andar de bicicleta ou ir para a escola? Por que a adolescência é uma fase tão difícil e o que podem fazer os pais para ajudar os filhos adolescentes?

Há um século atrás, pouco se sabia a respeito de como as crianças percebem o mundo e de como reagem a ele. Hoje, o problema é o excesso, não a carência, de informações e idéias sobre isso. Existem tantos estudos, levantamentos e teorias sobre a educação da criança que o efeito total é antes de confusão que de orientação. O DESENVOLVIMENTO DA CRIANÇA E DO ADOLESCENTE apresenta os principais dados de pesquisa e as principais teorias de maneira direta e concisa. Destina-se aos cursos universitários da matéria em diversas áreas disciplinares, sobretudo Psicologia e Educação. Mas também pode ser utilizado para a aprendizagem e revisão autodidáticas de conhecimentos de vez que, organizado nos moldes do ensino programado, o livro mede, a cada passo, o quanto já foi aprendido pelo estudante.

O autor de A PSICOLOGIA DA INFÂNCIA E DA ADOLESCÊNCIA, Sidney A. Manning, é professor-adjunto de Psicologia da Universidade do Distrito de Colúmbia (E.U.A.). Seus campos de especialização são a Psicologia Social, a Aprendizagem e o desenvolvimento da agressão na criança.

EDITORA CULTRIX

O DESENHO INFANTIL

Florence de Meredieu

Depois de ter sido tanto tempo desconsiderado ou mal compreendido, o desenho da criança se beneficia atualmente do grande interesse manifestado por nossos contemporâneos em relação à infância. Todavia, essa exploração do universo gráfico infantil suscita numerosos problemas: lugar de projeção privilegiada dos fantasmas do adulto, o desenho suscitou numerosas interpretações (psicológica, sociológica, estética). É bem de ver, porém, que, efetuados com freqüência sob a capa de uma ideologia estética (e pedagógica) suspeita e ultrapassada, tais estudos mascararam antes as produções infantis, em vez de revelá-las. O DESENHO INFANTIL, *de Florence de Meredieu, docente da Universidade de Paris na área disciplinar de artes plásticas, faz uma exposição crítica dos métodos utilizados na análise do grafismo, esforçando-se por indicar as perspectivas às quais devem ser restituídos os desenhos das crianças, se se quiser que sejam, não reduzidos às categorias "adultas", mas abordados em seu caráter diferencial e irredutível. Como tal, é um livro que interessa enormemente a quantos tenham sua atenção voltada para o mundo da criança: professores em geral e particularmente de Arte-Educação, psicólogos, estudantes de Estética, artes plásticas, comunicação etc.*

EDITORA CULTRIX

INTRODUÇÃO À PSICOLOGIA EVOLUTIVA DE JEAN PIAGET

Rafael Ernesto López

Uma introdução concisa, sistemática e bem dosada às teorias de Piaget acerca do desenvolvimento da inteligência da criança, aqui estudado nos seus três períodos: o sensorial-motor (do nascimento aos 2 anos de idade), em que se desenvolve a noção de objeto, imitação e jogo, aspectos tratados em capítulos especiais; o período das operações concretas (dos 2 ao 11 anos de idade); e o período das operações formais (a partir dos 11 anos). O Autor cuida sempre de manter-se tão perto quanto possível do pensamento piagetiano, "de tal forma que ao leitor seja facilitada a compreensão de Piaget e, ao mesmo tempo, possa saborear diretamente a sua própria lógica e o seu próprio estilo", pelo que este é um livro do maior interesse para estudantes de Psicologia e Pedagogia.

Diplomado em Psiquiatria pela Universiadde McGill (Canadá), o Dr. Rafael Ernesto López é atualmente diretor do Instituto de Investigações Psicológicas da Venezuela. Alguns dos temas abordados neste volume foram objeto de conferências suas para alunos de Psicologia da Universidade Católica de São Paulo.

TEORIA E PRÁTICA DA EDUCAÇÃO ARTÍSTICA

Ana Mae Tavares Bastos Barbosa

Este volume reúne cinco ensaios que, tanto pelos tópicos que abordam como pela sua preocupação específica com a problemática do ensino da Arte na escola brasileira, são do maior interesse para quantos estejam vinculados a essa área pedagógica, particularmente professores que militem no ensino de primeiro e segundo grau. Em vez de aceitar que o relacionamento entre Arte e Educação continue a ser regulado por um empirismo desvinculador, a Autora se preocupa em fundamentá-lo teoricamente, com base não apenas nas sugestões de uma rica bibliografia especializada, mas sobretudo em sua própria experiência de educadora, que vê na criatividade a base estruturadora do processo educacional. Os resultados que, na prática, se podem obter a partir desse enfoque teórico são ilustrados por uma interessante experiência pedagógica realizada pela Autora com alunos seus, cujos trabalhos são aqui analisados e reproduzidos a cores. ANNA MAE TAVARES BASTOS BARBOSA *fez mestrado em Arte-Educação no Southern Connecticut State College, E.U.A., e leciona atualmente Criatividade, Prática de Ensino de Desenho e Plástica, e Fundamentos da Arte na Educação respectivamente na Faculdade de Comunicação da FAAP (SP), na Escola de Comunicações e Artes da USP e na Escolinha de Arte do Brasil (GB).*

EDITORA CULTRIX

DINÂMICA DA ADOLESCÊNCIA

Um grupo de eminentes psiquiatras, psicanalistas e antropólogos discute, neste livro, a problemática da adolescência. Mostra que, malgrado seja alvo fácil de toda sorte de queixas, a adolescência pode ser *uma fase construtiva do desenvolvimento humano e o conflito entre gerações* pode ser *uma experiência enriquecedora para a sociedade. É com base em tal premissa que os autores de* DINÂMICA DA ADOLESCÊNCIA *analisam as três principais determinantes do desenvolvimento adolescente: biológicas, culturais e psicológicas. Assim, examinam eles aqui as complexas mudanças biológicas ocorridas na puberdade, demorando-se a seguir na consideração dos dilemas psicológicos e sociais que elas criam, bem como na dos aspectos culturais da adolescência, inclusive as pressões e exigências que a sociedade faz à criança em desenvolvimento e o poder da adolescência como uma entidade própria, com suas próprias modas e modos de sentir. Todavia, a ênfase maior do livro é dada ao exame de problemas sócio-psicológicos — principalmente a alienação da adolescência na sociedade, e a fricção e hostilidade gerada pelas respostas adultas às aspirações da adolescência — com vistas a "promover mútua tolerância e a facilitar relações mais realistas e construtivas entre adolescentes e adultos".*

EDITORA CULTRIX

Outras obras de interesse:

O DESPERTAR DA TERRA – O Cérebro Global
Peter Russell

A REDESCOBERTA DO POTENCIAL HUMANO
Jean Houston

ASPECTOS CLÍNICOS DA TERAPIA JUNGUIANA
Warren Steinberg

A ALQUIMIA E A IMAGINAÇÃO ATIVA
Marie-Louise von Franz

O CAMINHO DOS SONHOS
Marie-Louise von Franz em Conversa com Fraser Boa

REFLEXOS DA ALMA
Marie-Louise von Franz

LIBERTANDO O CORAÇÃO – Espiritualidade e Psicologia Junguiana
Lawrence W. Jaffe

PSICOLOGIA ARQUETÍPICA
James Hillman

AS VARIEDADES DA EXPERIÊNCIA RELIGIOSA
William James

JUNG E OS EVANGELHOS PERDIDOS
Stephan A. Hoeller

A PERSONALIDADE LIMÍTROFE
Nathan S.-Salant

TOCAR – Terapia do Corpo e Psicologia Profunda
Deldon Anne McNeely

A JORNADA MÍTICA DE CADA UM
Sam Keen e *Anne Valley-Fox*

A BUSCA DO SÍMBOLO – Conceitos Básicos de Psicologia Analítica
Edward C. Whitmont

VIDAS NÃO VIVIDAS – O Sentido Psicológico da Perda Simbólica e da Perda Real na Morte de um Filho
Judith A. Savage

A CORUJA ERA FILHA DO PADEIRO – Obesidade, Anorexia Nervosa e o Feminino Reprimido
Marion Woodman

TIPOS DE PERSONALIDADE – O Modelo Tipológico de Jung
Daryl Sharp

A CRIANÇA
Erich Neumann

Peça catálogo gratuito à
EDITORA CULTRIX
Rua Dr. Mário Vicente, 374 – Fone: 272-1399
04270-000 – São Paulo, SP